Madamrygbi:
Y Briodas

Madamrygbi: Y Briodas

Rhian Madamrygbi Davies

y Lolfa

Argraffiad cyntaf: 2012
© Hawlfraint Eirlys Bellin a'r Lolfa Cyf.

Mae hawlfraint ar gynnwys y llyfr hwn ac mae'n anghyfreithlon i lungopïo neu atgynhyrchu unrhyw ran ohono trwy unrhyw ddull ac at unrhyw bwrpas heb gytundeb ysgrifenedig y cyhoeddwyr ymlaen llaw

Dymuna'r Cyhoeddwyr gydnabod cymorth ariannol
Cyngor Llyfrau Cymru

Lluniau: Avanti, Emyr Young.

Ffuglen yw'r gwaith hwn ar y cyfan, ond mae wedi ei seilio ar ambell ddigwyddiad go iawn. Mae'r cyfeiriadau at bobl real yn ymddangos mewn sefyllfaoedd dychmygol.

Rhif Llyfr Rhyngwladol: 978 1 84771 625 5

Cyhoeddwyd ac argraffwyd yng Nghymru
gan Y Lolfa Cyf., Talybont, Ceredigion SY24 5HE
gwefan www.ylolfa.com
e-bost ylolfa@ylolfa.com
ffôn 01970 832 304
ffacs 832 782

Mae'r llyfr yma i bob ffan rygbi yng Nghymru.

Fi wedi gwneud loads o ymchwil a ni yw'r ffans gorau yn y byd.

Fact.

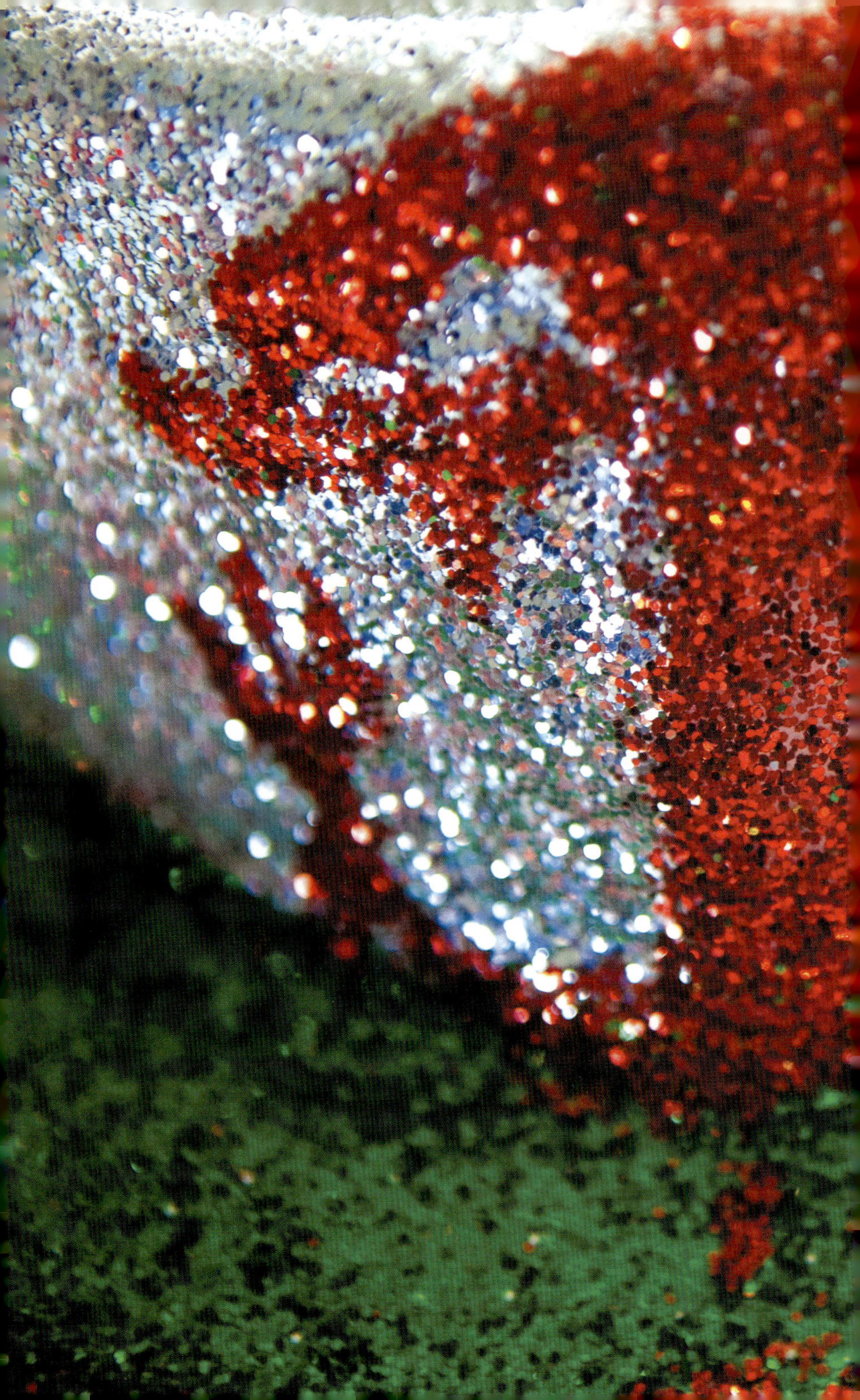

Near death by disco ball

Ar ddiwedd 2010, roedd bywyd yn crazy wahanol i nawr. O'n i'n gweithio yn y fferyllfa ar Market Street, yn cocio lan prescriptions achos roedd fy meddwl i ar un peth, ac un peth yn unig: ~~SEX~~ RYGBI.

Diolch byth, roedd yr oriau yn pasio'n super gyflym, achos roedd 'da fi lot i'w wneud, fel breuddwydio am briodi Jamie Roberts, er bod Sheila a Carol ar y tils yn dweud bod fi off fy mhen a bod hynny byth yn mynd i ddigwydd. Whatevs. :) Roedd 'da fi bach o broblem 'da nhw. Roedden nhw'n massive jokers. Pan fydden ni'n mynd i Gaerdydd i wylio'r Autumn Internationals yn Wetherspoons, roedden nhw'n rhedeg bant am jôc ac yn cuddio.

Un noson, yn lle chwilio am y merched, wnes i benderfynu hito'r dance-floor: daeth 'Don't Stop Me Now' gan Queen ymlaen. TUNE. Wnes i neidio lan a gafael yn y disco ball oedd yn hongian ar ganol y nenfwd a swingo rownd a rownd. Roedd pawb mor impressioned, wnaethon nhw stopio dawnsio i wylio fi.

"Fi'n mynd i wneud crowd-surf nawr!!" gwaeddais i ond wedyn, ges i rili freaky accident. Wrth i mi ollwng y disco ball a hedfan i lawr trwy'r awyr, am ryw reswm, wnaeth pawb symud bant a wnes i landio – SPLAT – ar lawr concrit y clwb. O'n i'n teimlo fel bod fi 'di torri pob asgwrn yn fy nghorff... hyd yn oed fy nhafod.

***

Pan ddeffrais i yn yr ysbyty, pwy oedd yn syllu i fy llygaid ond fy fiancé, JAMIE ROBERTS, yn union fel yn fy mreuddwydion. Mae pobol wastad yn gofyn i fi: sut wnaeth Jamie bopo'r cwestiwn? Y gwir yw, doedd dim angen. Ers yr eiliad yna, ni wedi gwybod, heb ddweud gair, ein bod ni am briodi a threulio gweddill ein bywydau gyda'n gilydd. Fact.

"Jamie, be ddigwyddodd?" gofynnais i.

"Gest ti ddamwain," esboniodd e. "Near death by disco ball. Ti'n lwcus iawn i fod yn fyw."

"Ac i gael fy achub gan fy future husband," wedais i.

"Pwy yw dy future husband?" gofynnodd e, blatantly flirting 'da fi.

"Ti, wrth gwrs," atebais i. "Ni yn mynd i briodi, on'd ydyn ni?"

"Wrth gwrs," wedodd e yn ysgafn. Wnes i bron ffeintio mewn ecstasi. "Bydd y concussion yn para am rai wythnosau ond ar ôl 'ny, rwy'n hyderus fydd dim sgil-effeithiau hir-dymor 'da ti."

Roedd e'n edrych yn seriously hot yn ei iwnifform doctor. Wnes i atgoffa fe:

"Mae'n rhaid i ni seto dyddiad ar gyfer ein diwrnod mawr."

"Dwed wrtha i pryd a lle a bydda i yna!" wedodd e gyda winc, cyn troi a cherdded i lawr y coridor.

Wnes i weiddi ar ei ôl e, "Beth am Nadolig 2012?"

"Swnio'n dda i fi," wedodd Jamie gyda gwên enfawr.

NON-SILENT SCREAM

> **@madamrygbi** *Ar fy ffordd adre nawr ac mae 'da fi NEWYDDION MASSIVE i chi* **@siansumma** **@melaine** **@dapperdai** **@BigDave** *!!!*   30m

> **@siansumma** **@BigDave** **@dapperdai** **@melaine**   27m
> *OMG beth???!!!*

> **@melaine** **@BigDave** **@dapperdai** **@siansumma** *Rhywbeth earth-shatteringly HUGE wedi digwydd!!*   26m

> **@madamrygbi** **@dominosponty** *Can I have a Family Meal - 12 Market Street, Porth asap? Enough 4 5 hungry people & 1 dog plz?*

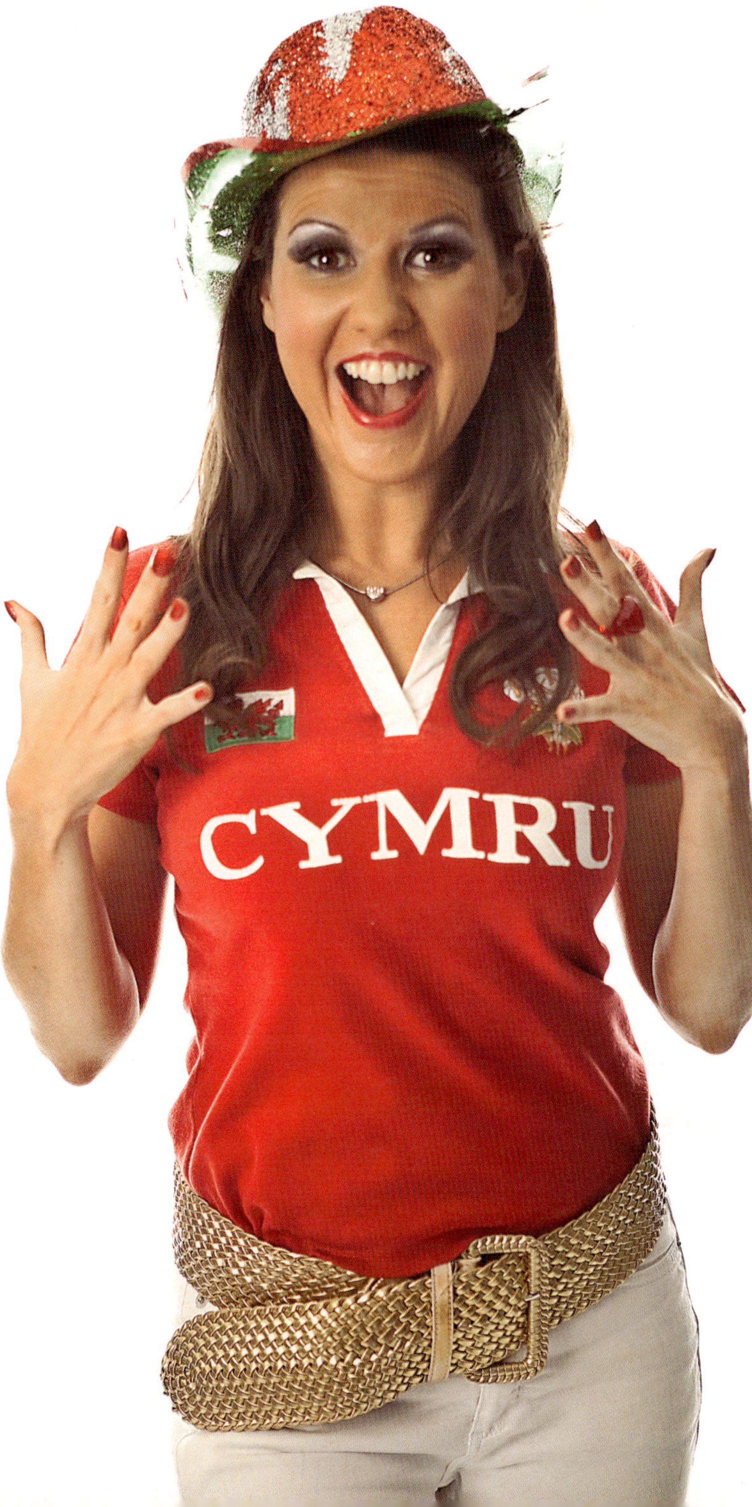
CYMRU

Dyweddïo (Unofficial)

"Put your foot down!" gofynnais i yrrwr y bws. O'n i mor excited, roedd pen fi'n spino wrth i ni ruthro lawr yr A470, screecho a stopio. Wnes i beltio i lawr Market Street ar break-neck speed felly pan syrthiais i drwy'r drws ffrynt, o'n i'n pantio fel ci asthmatig.

Roedd pawb yn aros amdana i. Aeth Mam yn hystericalist.

"OH GOD. Ti wedi cael life-threatening disease… ti'n marw!!"

Roedd fy ffrind gorau, Siân, yn gwybod telepathistically fod hyn ddim yn wir.

"Chill, Melaine. Dyw Rhi deffo ddim yn marw."

Camodd Big Dave, fy ail ffrind gorau, ymlaen.

"'Drych, Rhi, os ti'n disgwyl, wna i ofalu amdanat ti a'r babi. Like, yn bendant."

FYI, roedd Big Dave a fi wedi cael drunken snog cwpwl o fisoedd yn ôl. Dim ond cusan oedd e – ond roedd e mor hammered, roedd e'n poeni wedyn bod ni wedi cael proper funny business.

"I fod yn onest…" dechreuodd eto, tan i Siân ymyrryd.

"Cau dy ben, Big Dave - dyw Rhi ddim yn preggers."

Wedyn neidiodd Dai (fy non-real Dad) yn yr awyr gan sgrechian, "TI WEDI ENNILL Y LOTERI!! O'N I'N GWYBOD BYDDET TI'N NEUD E. TI'N MILLIONAIRE!! ALLWN NI DDIANC O'R BILLS A'R BYWYD BORING AC EMIGRATO I ACAPULCO??"

Trodd pawb i edrych arna i, eu llygaid yn llydan agored, yn llawn gobaith. Roedd Hywel, ci fi, yn cyfarth like mad.

"Na," sibrydais i, dal mas o bwff.

"Oooo," ochneidiodd pawb, proper siomedig. Roedd Siân yn gweld bod fi'n stresso.

"Reit!" gwaeddodd hi. "Wnewch chi i gyd bacio off am funud?"

Syrthiodd Mam, Dai a Big Dave gyda'i gilydd ar y soffa. Roedd llonyddwch pur, heblaw am Hywel yn siglo ei gynffon yn wyllt. Roedd pawb yn syllu arna i, gyda'u llygaid yn fflicio o un ochr i'r llall yn trio dyfalu beth oedd y NEWYDDION MASSIVE. Roedden nhw'n rhy ofnus i awgrymu unrhyw syniadau eraill rhag ofn i Siân eu crusho nhw.

O'r diwedd, wnes i spito'r geiriau mas, "Dwi'n engaged... i JAMIE ROBERTS!"

Wnaeth y tŷ ffrwydro gyda NON-SILENT SCREAMS.

"Beth?! Sut?! Pryd?! Mae merch fi'n priodi rygbi royalty!? gwaeddodd Mam.

"Chi'n mynd i fod fel Posh a Becks Cymru!" meddai Siân.

"Ie!" sgrechodd Dai. "Mae 'da America BRANGELINA, nawr mae 'da Cymru... JAMERHI."

Wnaeth y pitsas gyrraedd ond wnaeth neb eu cyffwrdd nhw – sy byth wedi digwydd yn tŷ ni, like erioed o'r blaen. Roedd pawb yn rhy brysur yn taflu avalanche o gwestiynau ata i.

"Ble wnest ti gwrdd â fe?! Pryd NI'n cael cwrdd â fe?" gofynnodd Dai. "Oh God –ydy e'n dod draw heno?!"

Yn anffodus, doedd e ddim yn gallu dod... achos doedd e ddim yn gwybod am y peth. Efallai fod hyn yn swnio'n harsh ond o'n i isie cael dathlu gyda fy nheulu ar ben fy hun yn gyntaf. Fi'n mynd i rannu pob diwrnod o fy mywyd gyda fe, felly dyw un noson ddim yn mynd i wneud gwahaniaeth. ;)

"Lle mae dy fodrwy?" holodd Siân. (Sai isie un achos fi ddim yn materialistical.)

luv!

"Pryd ni'n cael cwrdd â'i rieni fe?!" gofynnodd Mam.

"Yn fuan," atebais i.

"Oh God – bydd rhaid glanhau'r tŷ!!" yelpodd Mam.

So many questions, so little time.

"Felly, mae 'da fi celebrity wedding of the century i gynllunio. A fi angen eich help, big style," rhybuddiais i.

Ar ôl gwneud to do list yr un mor hir â choesau Luke Charteris, gawson ni all night dance-off yn y lolfa. Wedyn Dominos i frecwast. Epic. : D

Dyma jobs pawb:

Siân – Morwyn briodas (obvs)
Mam – Ffeindio venue
Dai – Rheolwr Cyllid (i.e. talu am bopeth)
Big Dave – Favours ayyb
Fi♥ – Popeth arall

Fundit

First things first: roedd rhaid i mi saco off fy swydd yn y fferyllfa. Wnes i ruthro mewn a blyrto mas y newsflash yn wynebau Sheila a Carol, "Fi'n methu gweithio yma nawr - fi angen job yn y byd rygbi er mwyn bod yn agos at fy future husband... Jamie Roberts."

Wnaethon nhw chwerthin... a CHWERTHIN, like hyd at ddagrau, fel bod fi 'di dweud y jôc fwya doniol yn y byd. O'r diwedd, wedodd Sheila, "Oh God, Rhi, ti'n craco fi lan. As if. Fi angen job yn Hollywood i dreulio mwy o amser 'da fiancé fi, Matthew Rhys!!"

"Ie!!" gwaeddodd Carol. "A fi'n mynd i weithio ar *X Factor* gyda fy future husband, Gary Barlow!"

Ar ôl sychu ei dagrau, aeth Sheila'n syth mewn i'r Warren Gatland no messing mode, "Reit, Rhi, taclusa'r silffoedd. Maen nhw'n shocking."

"Na, Sheil - fi'n hando notice fi mewn. As of nawr."

Trodd y ddwy i edrych arna i gyda'u cegau ar agor.

"Ti ddim yn serious?" gofynnodd Carol. "Be TI'n mynd i neud yn y byd rygbi?"

Hmmm. Roedd hyn yn gwestiwn da iawn. Think, Rhian, think,

meddyliais i gyda fy nghalon yn curo'n gyflym. Roedd Sheila a Carol yn edrych arna i gyda raised eyebrows, yn aros am fy ateb. O'r diwedd, ges i brainwave.

"Fi'n mynd i fod yn TV star, kind of fel Sarra Elgan..."

"Ond, byddet ti'n rubbish ar y teledu, ti'n clueless," wedodd Sheila. "Alli di byth bod yn pundit rygbi."

"Na. Fi'n mynd i fod yn... FUNDIT rygbi."

Gyda hynny, wnes i ddawnsio mas o'r fferyllfa.

"Os ti'n gadael nawr, there's no coming back!" gwaeddodd Sheila.

"Ie – wnawn ni like bloco ti ar Facebook a Twitter a phopeth!!!" ychwanegodd Carol.

"Fine!! Laters!!!" atebais i.

O'n i hanner ffordd i lawr Market Street pan wnes i sylweddoli *MAJOR ISSUE ALERT*. Nawr o'n i 'di DYFEISIO fy dream job, roedd rhaid i mi GAEL fy dream job, yn gyflym. Diolch byth, roedd Mam, Dai, Siân a Big Dave yn barod i wneud unrhyw beth i helpu. Wnaethon ni pwlio ein harian sbar at ei gilydd ac erbyn mis Ionawr 2011, roedd jyst digon o cashish 'da fi i brynu sêt swanky tu ôl i Bennaeth S4C yng ngêm Cymru yn erbyn Lloegr. Time to get talent spotted.

> **Rhian Madamrygbi Davies**
> checked in at the Millennium Stadium along with 74,499 other people.
>
> 👍 Melaine Davies, Dapper Dai, Big Dave, Siân Summa like this.

Unwaith o'n i yna, wnes i be fi wastad yn gwneud: sgrechian drwy gydol y gêm. Like, hyd yn oed yn ystod hanner amser. Fi'n SCREAM MACHINE!! Weithiau, fi'n sgrechian gymaint, mae'r bobol o 'nghwmpas i yn symud bant achos maen nhw'n embarrassed... eu bod nhw'n methu dangos yr un un lefel o gefnogaeth â fi. Ar ôl y final whistle, daeth Mr S4C draw ata i fel panther ar y prowl. Roedd e'n gwisgo shades a siaced lledr, kind of fel Simon Cowell, ond doedd ei drowsus ddim mor uchel.

"Ti isie bod ar y teledu?" gofynnodd e.

"Pwy sy ddim?" atebais i.

"Beth am slot ar sioe *Jonathan*?" cynigiodd e.

RESULT. Yn yr eiliad yna, newidiodd fy mywyd... am byth.

Corwynt

Cue total CORWYNT. Wnes i neidio ar private jet bmibaby i Gaeredin i gicio off fy ngyrfa newydd fel FUNDIT proffesiynol yn gwylio'r bois yn curo'r Alban. Doeddwn i byth wedi bod dramor o'r blaen – heblaw am Blackpool Pleasure Beach gyda Dai a Hywel. Wnes i totally immerso fy hun yn y Scottish culture: bwyta fried Mars Bars, chwarae'r bagpipes a dawnsio yn y stryd gyda dynion mewn sgertiau. Epic.

Roedd bod ar gamera yn WICKED, like total buzz, yn enwedig achos doedd dim rhaid i fi actio na dim byd – jyst dilyn y bois a bihafio fel fi fy hun – prime mentalist.

Dream job. : D

> **Rhian Madamrygbi Davies**
> checked in at Murrayfield Stadium, Edinburgh with 67,129 others.
>
> Melaine Davies, Dapper Dai, Big Dave, Siân Summa 👍 like this.

I Jamie a fi, aka JAMERHI, roedd yn freuddwyd achos roeddwn ni'n gallu gweld ein gilydd TRWY'R AMSER.

Ges i sêt reit wrth ymyl yr action. :) Pan ddaeth Jamie yn agos, wnes i neidio lan a gweiddi, "FI YMA, JAMIE!! FI'N MYND I FOD REIT TU ÔL I TI AM BYTH NAWR!!"

omg!

Fi honestly erioed wedi gweld dyn yn edrych arna i fel gwnaeth Jamie. His jaw dropped to the floor oherwydd yr earth shattering chemistry rhyngddon ni. PLUS, roedd e mor hapus o'n i yna, roedd e methu credu ei lwc.

I ddechrau, roedd rhai o'r bois yn cadw draw, achos fi mor hot, fi'n intimidating.

Ond wedyn, cyn gêm Cymru yn erbyn Yr Eidal, wnaeth y legend Rowland Phillips – yr Italian Stallion (kind of) – ddysgu fi sut i daclo. Problem solved. Tbh, teimlo dipyn yn euog am gymeryd amser Rowli. Os bydde fe wedi canolbwyntio ar Aironi, ac nid fi, efallai byddai'r tîm ddim wedi mynd tits up. : p

'Nôl yng Nghaerdydd ar gyfer Cymru yn erbyn Iwerddon a Ffrainc, o'n i'n ffilmio yng nghanol môr o goch ar St Mary Street gyda fy soulmates, y ffans – sdim lle gwell yn y byd. Pan mae

pawb yn canu, dawnsio a vomio yn y stryd, dyna fy happy place. Fi'n lyfio gweld outfits pawb – daffs, hetiau cowboi ac Adam Jones wigs – a'r merched yn glamtastic. Fel fi wastad yn dweud, "Cadwch y burkas yn y bocs, achos dim tits, dim tries." Ni yw'r ffans rygbi gorau yn y byd achos ni'n dod mewn all shapes and sizes – hen, ifanc, blokes, babes – a ni gyd yn mad for it. To get high, anghofiwch am crazy cyffuriau, y cwbwl sy angen ar Gymru yw rygbi, rygbi, rygbi.

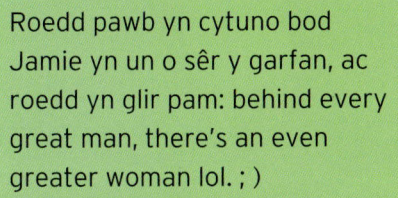

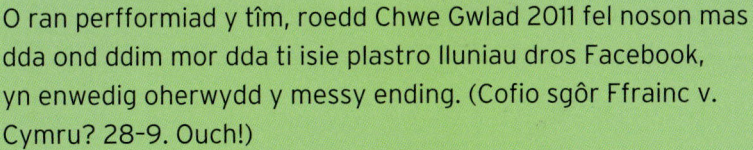

Roedd pawb yn cytuno bod Jamie yn un o sêr y garfan, ac roedd yn glir pam: behind every great man, there's an even greater woman lol. ;)
O ran perfformiad y tîm, roedd Chwe Gwlad 2011 fel noson mas dda ond ddim mor dda ti isie plastro lluniau dros Facebook, yn enwedig oherwydd y messy ending. (Cofio sgôr Ffrainc v. Cymru? 28-9. Ouch!)

Whatevs... o'n i'n teimlo buzz ymysg y garfan fod pethau gwell i ddod. Yn gyntaf, roedd angen oriau o ymarfer hard-core.

Rhian Madamrygbi Davies
checked in at Vale Hotel, Vale of Glamorgan.

Melaine Davies, Dapper Dai, Big Dave, Siân Summa
👍 like this.

Wnes i wylio pob eiliad o'r paratoadau ar gyfer Cwpan y Byd 2011, o tu ôl i hedgerow enfawr wrth ochr y cae ymarfer. O un dydd i'r nesaf, trodd y fities yn fwy ffit. Roedd pawb yn benderfynol o dazzlo'r byd, yn enwedig Warren G. Mae e'n tough fel bulldog: weekend break yw ice baths yng Ngwlad Pŵyl, dim benders yn Benidorm.

Doeddwn i ddim yn gallu mynd i Wlad Pŵyl gyda Jamie achos roedd Warren G yn poeni bydde fe'n distracted. Er mwyn deall yn union beth oedd Jamie'n mynd trwyddo, ges i ice bath adre.

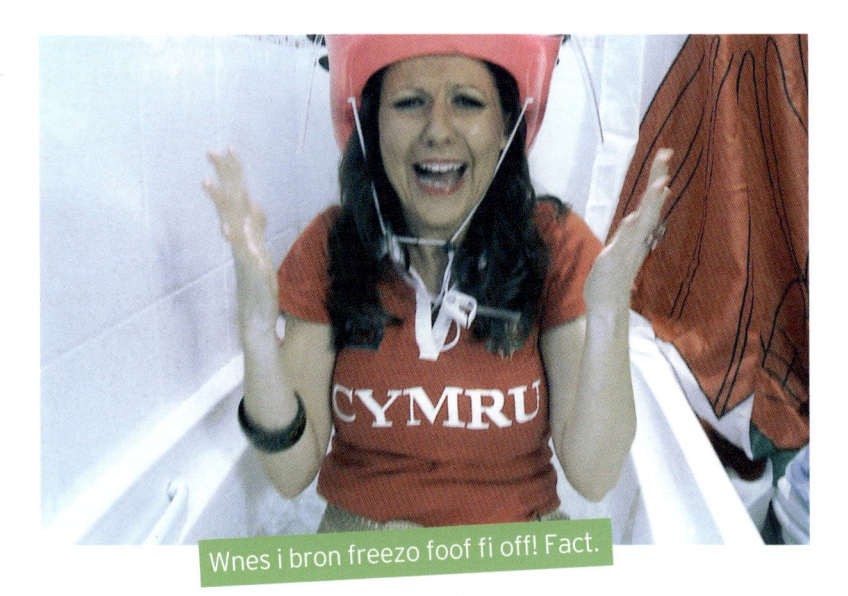

Wnes i bron freezo foof fi off! Fact.

Byw'r Freuddwyd

Y peth nesa o'n i'n gwybod, o'n i ar yr awyren i Gwpan y Byd 2011 yn Seland Newydd GYDA'R BOIS. OMG.

Fel FUNDIT, o'n i'n sefyll AR y cae, yn gwylio'r action o'r actual sideline.

Diolch i fy magic press pass, o'n i'n dilyn y tîm i bob man. Like, hyd yn oed y stafelloedd newid…

O'n i'n mynd i'r sesiynau ymarfer i rannu'r orenau. A doedd dim love potion dodgy yn rhai Jamie... onest.

O'n i'n teithio ar y team bus... yn y bŵt. Ond peidiwch â dweud wrth Warren G!!

Roedd y cynadleddau i'r wasg yn ROCIO. Mae gohebwyr normal yn gofyn yr un un cwestiynau eto ac eto, fel person wasted mewn parti. Ond o'n i'n cael taclo'r cwestiynau roedd pawb rili isie gofyn. Pethau hard-hitting, fel gyda thîm Ffiji, wnes i ofyn, "If you were an animal, what animal would you be? Like Jamie Roberts from the Welsh team would be a panther... a sex panther."

A phethau pwysig, fel wnes i ofyn i Sam Warburton, "When the boys go in the shower, who's got the biggest 'personality'?"

FYI ateb Sam oedd – "I won't say his name but he's very tall and his nickname's 'Long Dog'." Enough said. ;)

Doeddwn i ddim yn gallu fforddio aros yng ngwesty'r tîm felly wnes i'r next best thing: aros yn y maes parcio... mewn fan. Y FFAN FAN. Doedd e ddim yn majorly glamorous. Paid dweud wrth neb ond roedd e mor freezing yn y nos, roedd rhaid gwisgo thermal undercrackers i'r gwely. Sexy... NOT. lol. Ond pan ti yng Nghwpan y Byd gyda'r tîm, who gives?!

Rhian Madamrygbi Davies Hydref 1
OMG dyma actual uchafbwynt actual bywyd fi. Fact.

Hoffi . Gwneud sylw . Rhannu

Mae 3213 o bobl yn hoffi hyn

Roedd gang enfawr o superfans Cymru yn teithio o un gêm i'r llall ac erbyn y diwedd roeddwn ni fel teulu mawr gwyllt. Roedd yn super hawdd ffeindio'r Cymry eraill, oherwydd yr outfits a'r canu... obvs. Yn ogystal â'r old favs, roeddwn ni'n canu cân newydd (ish) – 'Sam Our Captain' – sef fersiwn o 'Sloop John B' gan The Beach Boys wnaeth Mark Berridge, legend o Gaerdydd, ysgrifennu ar yr awyren. "With Sam Our Captain, we'll take The Cup home. So, hoist up the John B sails!" Epic.

Tbh, er bod Jamie a fi yng nghanol ein honeymoon period, doedd dim lot o amser i gael up close and personal gyda fe. Roedd y bois a fe yn gweithio 24/7. Doedden nhw ddim yn mynd mas fel roedd tîm Lloegr, yn taflu dwarves o gwmpas tafarndai a neidio off ferries. Ond gawson ni cwpwl o romantic dates yn gwylio teledu. Fe ar y soffa, fi ochr arall y ffenest... yn y glaw. A steamy encounters: fe yn y gawod, fi ar y to, yn edrych trwy'r skylight.

O'n i'n ffonio fe non-stop ond doedd e ddim yn ffonio fi 'nôl, achos roedd e'n canolbwyntio ar ei rygbi. O'n i'n hollol cŵl am y radio silence.

FFONIA FI JAMIE! XXX

Doedd Sheila a Carol o'r fferyllfa ddim yn credu bod 'da Jamie ddiddordeb mewn merch fel fi ond, actually, fi'n tico lot o'r bocsys. Yn Wellington, wnes i ofyn iddo fe, "Alli di ddisgrifio dy ideal rugby fan?"Ond roedd yn amlwg beth o'n i'n rili meddwl ("Alli di ddisgrifio dy ideal woman?"). Aeth y sgwrs fel hyn:

Jamie:	Rhywun sy'n passionate.
Fi:	Mmm hmm.
Jamie:	Rhywun sy'n meddwi yn y terraces.
Fi:	Tic.
Jamie:	Rhywun sy'n gweiddi trwy gydol y gêm.
Fi:	Tic.
Jamie:	Rhywun sy'n cynyrchioli Cymru.

Ti'n gweld... ni'n made for each other, fel Adam Jones a'i affro.

@madamrygbi Hei *@sheilafferyllfa* *@carolfferyllfa*!! Fi yn Seland Newydd gyda Future Husband fi *@jamie_roberts* !! :D   *10m*

Wnes i tweetio'r llun i Sheila a Carol... ond roedd y ddwy ohonyn nhw wedi blocio fi. : p

Roedd y bois i gyd yn gwybod am JAMERHI. Jyst cyn y quarter final, wnes i ofyn i Shane Williams, "Be ti'n mynd i wneud ar ôl smasho'r Irish? Chillo mas gyda'r bois? Perswadio Jamie i fynd â fi mas ar hot date?"

"Yn gyntaf," atebodd Shane, "wna i berswadio Jamie i fynd â ti ar hot date ond bydd hynny ddim yn anodd achos mae e'n bendant yn ffansïo ti. Mae'n siarad amdanot ti trwy'r amser. Mae'n amlwg bod chi'n eitem."

Fi wedi clywed y gwir straight from the horse's mouth. Mae Shane yn dweud bod y bois yn galw fe'n 'ceffyl' oherwydd ei ddannedd, dim byd arall. ;)

Fel FUNDIT, mae'n bwysig bod fi ddim jyst yn cefnogi Jamie – fi yna i ofalu am y tîm cyfan. DOES DIM BYD byddwn i ddim yn gwneud i'r bois – DIM BYD. Maen nhw i gyd yn special friends, a dyna pam fi'n gwylio drostyn nhw 24/7, hyd yn oed pan fi ddim yn ffilmio ar gyfer *Jonathan*. Fel wedodd Sam Warburton,

"You're like the team's lucky mascot. When we see you around the team hotel – like when you're waiting for us in the lift – you give us a boost."

Top Souvenirs Fi o Seland Newydd:
Darn o affro Adam Jones
Cariad i non-real Dad fi, Dai!! Mae e'n asiant rygbi Ffrangeg, Jerome Bonnier. :)
6543 bezzer mate newydd ar Facebook, Twitter PLUS y garfan gyfan
PLUS sêr rygbi rhyngwladol o wledydd egsotig – mwy amdanyn nhw yn nes ymlaen. :)

Priest Jiffy

Mae teithio'r byd fel ~~PUNDIT~~ FUNDIT proffesiynol a chynllunio priodas super high profile yn serious juggling act – fel y bois yn jyglo gêmau rhanbarthol, rhyngwladol gyda bulko yn Nandos.

Mae gymaint i'w wneud, fi honestly ddim yn gwybod ble i ddechrau ond y peth pwysicaf yw'r priest. No priest, no priodas. Diolch byth fod Jonathan Davies ar speed dial.

Mailbox | **Inbox**

To: jonathan@jiffy.com
From: rhian@madamrygbi.com

Alright Jiffy?
Rygbi yw religion fi, a ti'n rygbi GOD, felly pan fi'n priodi Jamie Roberts, wyt ti'n fodlon bod yn priest?
Caru t,
Rhian xoxo

To: rhian@madamrygbi.com
From: jonathan@jiffy.com

Haia Rhi. Ie, dim probs – fi'n hapus i gynnal y seremoni os ti isie, ond wyt ti'n siŵr fod Jamie on board? Dyw e ddim wedi sôn wrtha i.
J x

Dyw Jamie ddim yn siarad am love affair ni yn gyhoeddus, ac mae'n rhaid i bawb dderbyn bod rhai pethau'n breifat. Parch plis.

To: jonathan@jiffy.com
From: rhian@madamrygbi.com

J-Dog,
Grrrr. Mae'r cwestiwn yna'n mynd yn boring nawr lol. Mae e totally on board. Chill. Fi'n dod draw nawr i ti gael trio dy priest outfit ymlaen, k? xx

Venue

> **@madamrygbi** Hei **@jamie_roberts**!! Ble ti'n ffansio priodi? : D xxx
> 20m

> **@madamrygbi** Unrhyw1 gyda syniadau am wedding venues ar gyfer 70,000ish o bobol?
> 18m

Silence - like, zero atebion. Tbh, fi wedi bod yn eitha depressioned am y venue. Mae Mam wedi cysylltu â phob clwb rygbi, gwesty a country friggin house yng Nghymru a sdim un - like NONE, I repeat ZERO - yn ddigon mawr ar gyfer fy guest list.

Mae hi'n esgus bod yn gutted ond fi'n gwybod ei bod hi'n secretly ecstatical achos os fi ddim yn cael venue, bydd rhaid cael y briodas yn y tŷ, sy obvs yn siwtio hi achos mae hi'n agroffobical. Mae hi wedi dechrau prynu *Home & Garden* magazine yn lle *Heat* (WTF?) ac mae'n cadw symud y soffa o gwmpas er mwyn creu mwy o entertaining space. Grrr.

Es i â Hywel am dro fel bod fi'n gallu trafod y peth gyda fe ac wedyn ges i BRAINWAVE!

Mailbox **Inbox**

From: rhian@madamrygbi.com
To: richardlord@walesmilleniumstadium.co.uk

Alright, Richard?
Cofio fi? Wnaethon ni gyfarfod yn ystod gêm Cymru v. Iwerddon, Chwe Gwlad 2011 pan o'n i'n streako er mwyn trio distracto'r Irish achos oedd e'n gêm super agos. Roeddet ti mor ddoniol pan oeddet ti'n dweud, "FI'N MYND I LADD TI!!"

Eniweis… fi'n PRIODI!!! : D a fi angen venue ANFERTH. Mae'n FOMO free zone – fi'n gwahodd PAWB fi'n nabod. Mae'n mynd i fod fel un o'r partis yna sy'n dod mas ar Facebook ac wedyn troi mewn i CAAAAAAARRRRRNAGE!!! Methu aros!!! : D
Hefyd, mae future husband fi yn proper enwog ac mae ffrindiau fe yn HOT felly fi ddim am NFI-io nhw!!

Basically… mae 'da fi ffafr i ofyn i ti:

PLZ GA I Y BRIODAS GYNTAF ERIOED YN STADIWM Y MILENIWM?!

Rhian Madamrygbi xxxxxxx

P.S. Sdim lot o arian 'da fi felly oes modd cael y stadiwm AM DDIM? :)
P.P.S. Os ddim, fi'n mynd i fynd at yr heddlu i ddweud bod ti wedi bygwth lladd fi. ROFL.

Real Dad

> **Rhian Madamrygbi Davies** Tachwedd 8
> Tybed os dyle fi drio ffeindio fy Real Dad iddo fe gerdded fi lawr yr aisle? : P
>
> Hoffi . Gwneud sylw . Rhannu
>
> 👍 Mae **2 o bobl** yn hoffi hyn

Y broblem yw, mae 'da fi wybodaeth seriously limited amdano fe.

FFEITHIAU PENDANT:
Enw: John Evans (mae dros 23,000 ohonyn nhw yn Ne Cymru)
Gwlad wreiddiol: Rhywle yn y Rhondda
Golwg: Dim byd penodol – jyst gwallt du a choesau tenau (felly that narrows it down)
Proffesiwn: Heating Engineer yn Keep The Heat Ltd (aeth y cwmni'n bust yn 1989)

Mae Mam yn rili sketchy am fanylion eu love affair. Mae'n dweud bod e'n "breifat". WTF? Apparently, doedd e ddim yn massive romantic, er ddaeth e draw â Dairy Milk massive unwaith a fi'n credu dyna pryd oedd Mam yn gwybod taw fe oedd "the one".

O'n i'n meddwl efallai bydde fe'n cysylltu ar ôl i fi fod ar y teledu, achos ti'n clywed am hynny yn digwydd i'r *X Factor* contestants a phobol gyffredin sy'n dod bach yn enwog. Mae Mam yn dweud bod nhw ond ar ôl eu harian. : (

Fi'n credu bod gan Real Dad fi ddigon o sens i sylweddoli bod fi ddim yn cael fy nhalu mega-bucks achos mae S4C yn recessional. Fi ddim yn mynd i ddweud, "Helo, Real Dad, diolch am droi lan. Ti bach yn hwyr ond beth am i fi brynu Porsche i ti?"

Eniweis, byddai ffeindio fe yr un mor anodd â ffeindio Pot Noodle yn Pizza Hut a fi'n seriously lacking amser. Meh... gonna give it a miss, am nawr, achos bydde Dai yn majorly offended os doeddwn i ddim yn gofyn iddo fe.

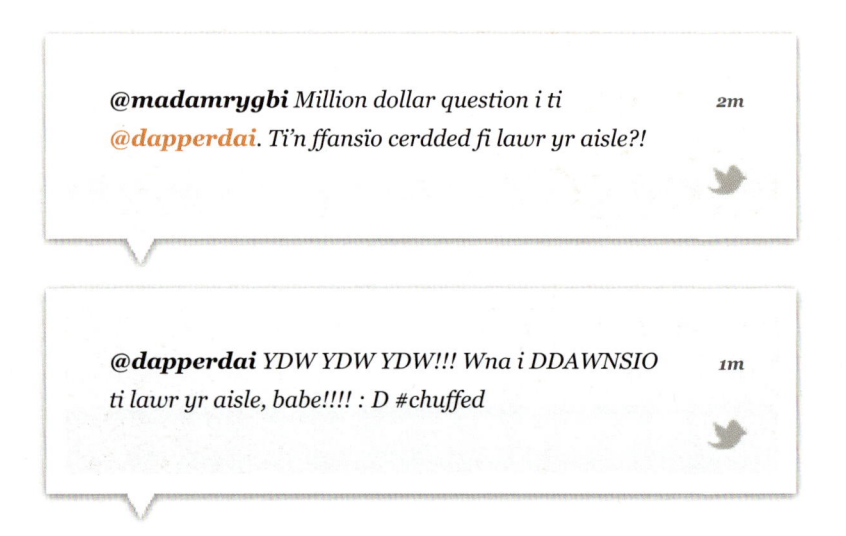

> *@madamrygbi Million dollar question i ti @dapperdai. Ti'n ffansïo cerdded fi lawr yr aisle?!* 2m

> *@dapperdai YDW YDW YDW!!! Wna i DDAWNSIO ti lawr yr aisle, babe!!!! : D #chuffed* 1m

Daeth Dai draw yn syth: digwydd bod, roedd e eisioes wedi coreograffio dawns i ni'n dau wneud lawr yr aisle i 'Call Me Maybe' gan Carly Rae Jepsen. Jyst rhag ofn bod fi'n gofyn iddo fe. : D Y cwbl fi'n dweud yw... it shits all over *Strictly*.

The Bridal Boutique

> **@madamrygbi** *Majorly excited achos fi'n prynu ffrog morwyn briodas @siansumma heddiw : D *NON-SILENT SCREAM**   60m

Tbh, pryderu tipyn achos tro diwetha i fi fynd i The Bridal Boutique yn Nhonyrefail, doedd dim ffrogiau maint 22 yna o gwbl. Felly, fi wedi ffonio'r rheolwr, Rachel, i rybuddio hi, mewn ffordd rili neis – os does dim byd yn ffitio Siân, bydd hi'n troi'n violent.

Hefyd, fi wedi gorfod rhybuddio Siân i beidio shoplifftio yna. Mae Rachel wedi cysylltu â'r dressmaker o *Big Fat Gypsy Wedding* i sortio fy ngwisg briodas AWESOME ac os mae Siân yn sgriwio hwnna lan i fi, wna i demoto hi i wneud rhywbeth LAME yn y briodas, fel darllen darn o farddoniaeth. A bydd neb yn gwrando eniwei achos byddan nhw'n rhy brysur yn salivato dros y best men, Sam Warburton a Mike Phillips, a'r ushers – Shane Williams, Scott Williams, Lloyd Williams a Rhys Priestland – a'r pageboys – George North a Harry Robinson (all tbc).

Plus mae'n rhaid bihafio yn The Bridal Boutique achos mae satin a chiffon ym mhob man ac mae Rachel yn rhoi Cava am ddim i ti ac yn gwneud i ti actually teimlo fel actual J-Lo. Yn ffodus, mae hi'n lyfio fi achos fi yw Mrs Jamie Roberts y dyfodol felly mae hi wedi gaddo gwneud yn siŵr fod pob ffrog maint 22 ar y ddaear mewn stoc. Sorted.

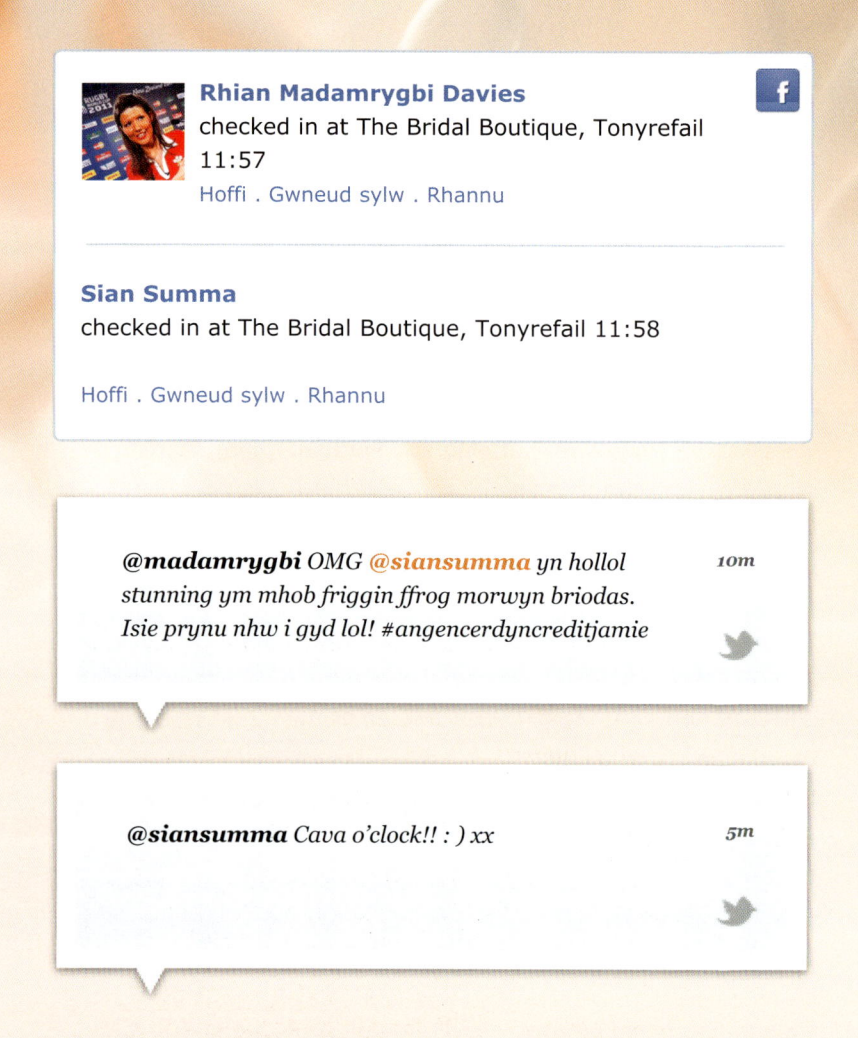

Rhian Madamrygbi Davies
checked in at The Bridal Boutique, Tonyrefail 11:57

Hoffi . Gwneud sylw . Rhannu

Sian Summa
checked in at The Bridal Boutique, Tonyrefail 11:58

Hoffi . Gwneud sylw . Rhannu

@madamrygbi OMG **@siansumma** *yn hollol stunning ym mhob friggin ffrog morwyn briodas. Isie prynu nhw i gyd lol! #angencerdyncreditjamie*

10m

@siansumma *Cava o'clock!! :) xx*

5m

Yn draddodiadol, mae'r briodferch isie i'r forwyn briodas edrych yn rubbish er mwyn iddi hi beidio dwyn y limelight. Ond fi rili isie i Siân edrych yn HOT achos os dyw hi ddim yn colli'i virginity hi yn fuan, bydd hi'n troi'n fwy violent. Hefyd, fel mae hi'n dweud ei hun, hyd yn oed gyda'r ffrog orau yn y byd a loads o golur, bydd hi dal yn edrych fel fersiwn benywaidd o Matt Lucas.

Wnaethon ni fynd am y baby doll dress goch yn y diwedd – achos roedd Siân yn hoffi fe gymaint, roedd hi'n hyperventilato. Ac os taw dyna beth mae Siân isie, dyna beth fydd Siân yn cael.

***

Scrap that. Wnes i gyrraedd y til ac roedd y ffrog yn £125. Amhosib. : (Ges i *SILENT MELT-DOWN*. Wnes i drio ffonio Dai ond doedd dim ateb achos oedd e ar romantic weekend yn Ffrainc gyda Jerome... aaargh. Es i'n wyn i gyd – sy'n anodd gyda Fake Bake tan. Wnaeth Siân sylweddoli telepathistically ac yn sydyn, wedodd hi wrth Rachel: "Actually, fi'n credu bod fi isie meddwl amdano fe dros nos, ok?" gan ychwanegu gwên pacifistic-aggressive. Fi'n totally caru Siân.

Aethon ni i Spar a phrynais i ddeg tocyn loteri, wedyn gawson ni emergency talk ar y ffordd adre.

PLAN A
Ennill y loteri heno.
Prynu Ffrog Opsiwn 1 i Siân.

PLAN B
Dim bridesmaid, dim ond bridesdog. Cael coler chiffon i Hywel.

Siân yn darllen barddoniaeth. Hmmm... efallai dyle hi ~~ganu cân~~ neud rap?

Fi'n secretly poeni bod PLAN B yn gwneud loads mwy o sens, hyd yn oed os ydw i'n ennill y loteri heno. : P

Wnes i decstio Jamie i roi update. Dim ateb. Standard. Ond mae Mam yn dweud bod hi'n hollol normal i'r dyn beidio cymryd diddordeb o gwbl mewn cynllunio'r diwrnod priodas ac mae hi wastad yn iawn.

> **@madamrygbi** *Aaaaaargh. Fi ddim wedi ennill y loteri heno : (*   50m

> **@madamrygbi** *Oes 'da rhywun syniadau ar gyfer darlleniad awesome i @siansumma Dim byd boring plz & dim byd o'r Beibl achos fi ddim yn deall e. :)*   30m

> **@jeromebonnier** *@madamrygbi @siansumma me & @dapperdai think u should go 4 some French poetry? Tres romantique, non? :)*   26m

> **@madamrygbi** *@jeromebonnier Yeah!! We could get @mike_phillips 2 read it with @siansumma Even more romantic :)*   22m

Top Table

> **@madamrygbi** Diwrnod mawr – cynllunio fy Top Table! Pigo fy actual hoff bobol ar yr actual planet!! Chi'n gwybod pwy ydych chi. #legends 2m

Contenders Amlwg:
Teulu: Hywel, Mam, Siân, Big Dave, Dai & Jerome.
Teulu Teledu: Jiffy, Nigel, Sarra.

Contenders Eraill:

George

George yw'r bloke mwya cŵl, dewr a mad am rygbi fi'n nabod. Unwaith, ar ôl gêm, cwrddodd e â Public Enemy No. 1, ALAIN ROLLAND. Aeth e'n syth lan ato fe a wedodd e, "Why did you give Sam a red card? It should've been yellow."

"I didn't have a choice," wedodd Alain R.

"Yes, you did," wedodd George. "You were the boss of the game."

Cue awkard silence. Ar y pryd, roedd loads o bobol yn abuso Alain R ar Twitter, yn cuddio'n saff tu ôl i sgrin eu laptops. Ond mae'n cymryd gyts go iawn i sefyll lan i rywun wyneb yn wyneb fel gwnaeth George. Yn enwedig pan ti ond yn ddeg mlwydd oed a ti 'di bod trwy shedloads o lawdriniaeth. Parch.

Dyma George yn dweud beth oedd PAWB ar y PLANET yn *meddwl*:

George a fi hanging out cyn gêm Cymru v Alban, Chwefror 2012 :)

Pauline Jones-Cook

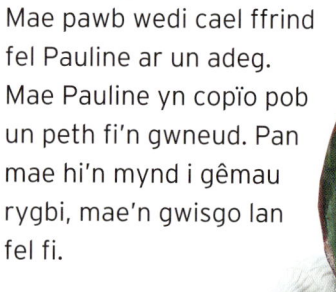

Mae pawb wedi cael ffrind fel Pauline ar un adeg. Mae Pauline yn copïo pob un peth fi'n gwneud. Pan mae hi'n mynd i gêmau rygbi, mae'n gwisgo lan fel fi.

Pauline yn gwneud *NON-SILENT SCREAM*

Pan oeddwn i'n gyrru FFAN FAN o gwmpas Seland Newydd, fe gafodd hi un hefyd.

Wedyn yn ystod Chwe Gwlad 2012 roedd 'da fi FFYDD MACHINE, prynodd Pauline un hefyd.

Legend. Fi angen rhoi hi i eistedd wrth ymyl dau foi sy'n gallu handlo hi achos mae hi'n wyllt. Pan ddaeth hi i stiwdio *Jonathan*, roedd hi'n trio cyffwrdd â Jiffy drwy'r amser. Nid mewn ffordd emosiynol, ond mewn ffordd gorfforol, fel proper crazy horse. Os oeddwn i'n cael bridesmaids, yn lle bridesdog, byddai Pauline yn deffo un ohonyn nhw (gyda Siân obvs).

Trudi Gatland
Fi'n caru Trudi G achos byddai hi'n gallu bod fel, "Edrychwch arna i, fi yw Mrs G!!" ond mae ei thraed deffo ar y ddaear. Yn ystod Cwpan y Byd, wnaeth hi drefnu i gannoedd o ffans Cymru aros yn nhai pobol Seland Newydd am ddim. Serious! Mae'r Kiwis mor gyfeillgar, maen nhw fel cenedl o labradors. Roedd

ffans Cymru yn ecstatical achos wnaethon nhw osgoi talu prisiau crazy am Travelodge minging gyda charped sticky a dim ond Beibl yn y minibar. :)

Hefyd, mae Trudi G yn rhoi cyngor class. Pan wedais i fod Jamie yn chwarae'n hard to get, awgrymodd hi, "Take a step back, act cool and let him come to you." Ac wrth gwrs, dyna'n union beth fi wedi gwneud, ac os nad oeddwn i wedi dilyn cyngor Trudi byddwn i probably ddim ar fin priodi Jamie nawr.

Trudi G a fi tu fas i'r FFAN FAN ar ôl cael QT yn tŷ hi a Warren G yn Hamilton, NZ :)

Anti Mags

Mae Anti Mags yn 82 years young ac mae hi'n dedicated superfan. Daeth hi'r holl ffordd i Awstralia i gefnogi'r bois ar daith 2012. Parch.

Mae rygbi wedi newid big style yn ei hoes hi. Pan oedd hi'n teenager, doedd dim teledu. Yr unig ffordd o wylio'r gêm oedd mynd i'r gêm. OND roedd e'n crazy drud a doedd chicks ddim yn mynd. Roedd e fel Only Men Allowed! : O

Wnaeth ffrind Anti Mags, Iris, ffeindio ffordd rownd hyn. Roedd hi'n cnocio ar ddrysau'r tai gyferbyn â'r rugby ground a gofyn i wylio'r gêm yn fyw o'u lolfa. Sorted! Ond doedd Anti Mags ddim yn ffansïo gwylio'r gêm gyda randoms...

Nawr, ers degawdau, dyw hi ddim wedi methu un gêm Scarlets na Chymru. Roedd hi'n mynd mas on the razz yng Nghaerfyrddin ac os oedden ni'n ennill, roedd hi'n gwisgo ffrog goch, ar high. Ac os oedden ni'n colli, roedd hi'n gwisgo ffrog ddu, ar downer. Emotionalistic, fel fi.

Heddiw, mae hi'n eistedd reit o flaen ei theledu anferth wide-screen i wylio'r bois in action. Ei hoff vantage point yw'r puff – nid y soffa achos mae'n rhy isel ac mae'n bwysig i allu codi'n hawdd a neidio lan a lawr... obvs. :)

Mae Anti Mags jyst yn profi: "You're only as old as the man you feel". Mae 'da hi major crush ar James Hook ond peidiwch dweud wrth neb!

Cymraes browd, veteran super-fan, ffrind i bawb, ac "Anti" i lawer. Total 100% legend.

Dyma Anti Mags gyda Stacey Rochelle-Stone, gwraig ei nai, Steve Stone, oedd yn arfer hyfforddi Josh Turnbull a Scott Williams pan oedden nhw'n whippersnappers.

John Key (Prif Weinidog Seland Newydd)

Pan ofynnais i i Swyddog Wasg John Key am gyfweliad gyda fe, wedodd hi NA. Roedd hi'n un o'r merched yna sy'n gwenu gyda'i cheg ond nid gyda'i llygaid. OND pan es i reit lan at John ei hun, wrth iddo fe gerdded ar hyd y carped coch i barti swanky, roedd e'n hollol cŵl. Aeth y sgwrs fel hyn:

Fi: John - are you looking forward to a Wales v. All Blacks final?
JK: I am actually, I was with your First Minister the other day.
Fi: Carwyn? He's my mate. Can I come to the party with you now?
JK: I guess so.

DUDE.

Cychwyn beautiful friendship...

Cychwyn less beautiful friendship (sori, Carwyn, ond mae John Key yn marginally hotter...)

Carwyn Jones

Sôn am Carwyn, well i fi roi fe ar y Top Table hefyd AR YR AMOD bod e'n gwneud bob dydd Llun ar ôl gêm ryngwladol yn ŵyl y banc.

Felly, mae'r TOP TABLE yn edrych fel hyn...

Left side (top to bottom): Dai, Jerome, Jiffy, Jamie, Fi, Anti Mags, Hywel, Nigel

Right side (top to bottom): Sarra, George, Siân, John K, Pauline, Carwyn J, Trudi G

Dŵr Poeth

Hmmm, fi dal ddim wedi clywed 'nôl gan Stadiwm y Mileniwm. Amser mynd yn heavy-handed.

Mailbox **Outbox**

From: rhian@madamrygbi.com
To: richardlord@walesmilleniumstadium.co.uk

Haia Richard,

Jyst i atgoffa t, wnest ti bygwth lladd fi yn Mawrth 2011 yn ystod gêm Cymru – Iwerddon. Fi wedi siarad gyda fy lawyer a wedodd hi byddwn i'n gallu cael ti mewn i serious dŵr poeth achos o'n i'n ffilmio ar y pryd ac mae'r incident ar gamera.

Wna i anghofio'r legal proceedings i gyd os ti'n rhoi'r stadiwm am ddim i fi ar gyfer fy mhriodas. ;)

Rhian

Stressville

Mae datio Jerome wedi totally trawsnewid Dai – mae e'n llawer llai stressville. Mae Jerome yn hedfan e mas i Ffrainc ac yn talu am bopeth, nid fel ei hen gariadon oedd ar y dole/rock'n'roll. Mae e'n prynu designer clothes iddo fe a phopeth ac yn mynnu bod e'n gwisgo nhw trwy'r amser, fel personal stylist. Weirdly, though, pan mae Dai yn ymweld, mae Jerome yn gweithio non-stop. I guess dyna be sy rhaid gwneud pan ti'n hotshot asiant rygbi... ac mae Dai wastad yn dod adre gyda spring yn ei step, fel chwaraewr sy wedi cael ei alw off y bench. :)

OND mae e dal yn cael freakouts, fel heno. O'n i ar ganol gwylio pennod awesome o *Fferm Ffactor* pan stompiodd e mewn i'r lolfa a throi'r teledu off.

"Rhi, sdim ots 'da fi bod Jamie ddim yn cyfrannu'n ariannol at y briodas achos fel 'tad' y briodferch, fy nghyfrifoldeb a fy anrhydedd i yw e. Ond sai wedi cael gwahoddiad i'r stag do... na Jerome chwaith." Meh... awkward. "Hefyd, fi rili yn credu fod angen ei input ar rai pethau, fel y DJ. Sai'n gofyn llawer." Roedd Dai yn dechrau colli'r plot. "Fi ddim yn bod yn rude, Rhi, ond ni i gyd yn bystio'n balls i drefnu'r briodas 'ma a dyw Jamie ddim yn gwneud DIM BYD i helpu."

"Seriously, Dai, cut Jamie some slack," wedais i. "Dyw chwarae smoking hot rugby ac astudio medicinals ddim yn gadael lot o amser i feddwl am y briodas."

Ac yn anffodus, mae 'da Jamie bad habit o golli fy rhif ffôn. Wnes i atgoffa Dai o'r sgwrs ges i gyda Jamie jyst cyn rownd gyn-derfynol Cwpan y Byd. Wedais i, "Ok, fi angen siarad â ti am ein priodas. Fi wedi trefnu popeth a fi wedi prynu'r ffrog. Yr unig broblem yw, ti ddim yn ffonio fi. Felly beth yw'r deal?" Atebodd Jamie: "Yy... fi wedi colli dy rif."

"Ond nawr mae e gyda fy rhif eto felly, *PANIC OVER*!" wedais i. Yn sydyn, o'n i'n teimlo'n super defensivistic. "Eniweis, mae e'n ffeindio amser i anfon anrhegion ar ôl pob sioe *Jonathan* – siocledi, blodau a tedis, gyda negeseuon rhamantus..."

Tbh, weithiau fi'n credu bydde fe'n loads haws priodi non-enwog. OND i fod yn deg â Jamie, mae e'n ffeindio amser i anfon anrhegion ar ôl pob sioe *Jonathan* – siocledi, blodau a tedis gyda negeseuon rhamantus fel:

Breuddwydio am briodi t :) x ? x ♥

caru t? ♥

Lyfio t ar y sioe heno :) ? ♥

Mae e'n cadw popeth yn anonymous achos mae elfennau o love affair ni yn breifat. K?

Roedd Dai dal i edrych yn bryderus:
"Ond pam mae e'n cadw popeth yn anonymous?"
"Achos mae elfennau o love affair ni yn breifat, k?" wedais i, cyn rhoi *Fferm Ffactor* mlaen eto, yn swnllyd iawn.

Mam

Neithiwr, wnes i a Big Dave actually weithio mas pa mor hir y mae actually wedi bod ers i Mam adael y tŷ tro diwetha: 24 mlynedd, 3 mis a 12 diwrnod. Y peth mwya scary yw, dyw hi ddim isie mynd mas O GWBWL. Mae hi'n dweud, "'Wy'n teithio'r byd… ar y we."

Digon teg, I guess.

"'Wy 'di syrthio mewn cariad… ar y we."

Mae hi a Death Row John o Texas yn pen-pals. Mae Mam wastad wedi bod yn obsessed gyda ysgrifennu i hard-core prisoners ond wnaeth hi a Death Row John rili clicio. Nawr maen nhw'n long-distance "lovers." Can't see it going anywhere… obvs.

"'Wy'n gwneud popeth ar y we."

Ych, alla i gredu hynny achos mae'r hysbysebion sy'n popo lan weithiau yn awgrymu bod hi a Death Row John mewn i stwff properly dodgy.

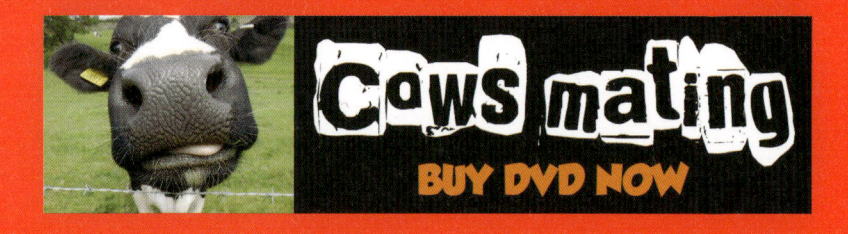

Y broblem yw, mae POB DIM yn digwydd yn nhŷ Mam. Pob Nadolig, pob parti Eurovision, pob parti pen-blwydd, heblaw am 2004 pan fynnodd Dai'n bod ni'n mynd i Quasar. Fi deffo DDIM – I repeat, NO FRIGGIN WAY – yn hapus i gynnal DIWRNOD MWYA PWYSIG FY MYWYD ERIOED yn nhŷ Mam.

"Reit," wedodd Big Dave. "Mae'n amser am ACTION."

@BigDave Hia **@siansumma** Ti'n gallu cael apwyntiad i **@madamrygbi** heddiw plz?   60m

@siansumma Pam? : o   59m

@BigDave Ni angen sortio **@Melaine** mas.   58m

@siansumma Mental brysur heddi achos dydd Llun & old duffers wedi bod home alone dros y penwythnos :('Na i gael hi mewn tho' :)   50m

> *@BigDave* Sorted. Fi'n dod â hi draw nawr.   40m

Rhian Madamrygbi Davies
checked in at Dr Gwyn's Surgery with Big Dave
11.03

Hoffi . Gwneud sylw . Rhannu

👍 Sian Summa a Big Dave yn hoffi hyn

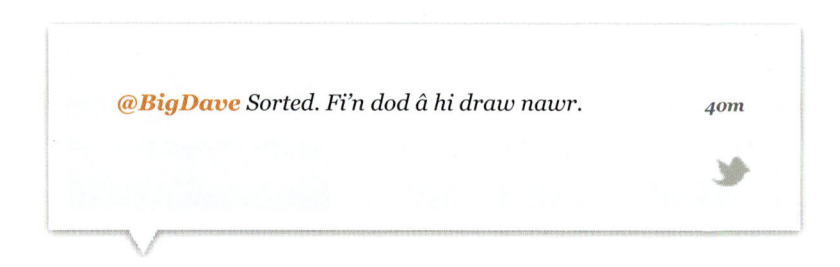

Mae'r feddygfa fel old duffer convention – mae loads mwy yn fan'na na sy'n y capel. Mae Siân yn dweud dyw'r rhan fwya ohonyn nhw ddim yn sâl o gwbwl, maen nhw jyst isie darllen *OK* magazine am ddim a siarad am pam dydy Kate Middleton ddim yn preggers eto.

Un o perks swydd Siân yw ei bod hi'n cael eistedd tu ôl i plywood booth am 60% o'r diwrnod. Mae'r cleifion ond yn gweld ei hwyneb hi felly, mae hi'n tweetio 24/7 a darllen *50 Shades of Grey*.

Mae hi'n totally awesome yn ei swydd. Mae hi'n gryfach na Dan Lydiate felly mae'r cleifion sy mewn cadair olwyn yn cael blas o sut fyddai cael reid ar rollercoaster, sy'n grêt achos sai'n credu bod nhw wedi bod i Alton Towers.

O'n i reit mewn i *NOW* magazine pan waeddodd Siân dros y

tannoy system, "Rhian Madamrygbi, bydd Dr Gwyn yn gweld ti nawr!"

"Wna i aros fan hyn i ti, Rhi," wedodd Big Dave. "Pob lwc."

Roedd chwyldro ar fin dechrau ymysg yr old duffers. Roedden nhw'n sibrwd ac yn shufflo tuag at y drws i flocio fi achos roedd Siân blatantly wedi gwneud i fi jympo'r ciw. Stompiodd Siân mas o'i chwtsh.

"FYI, mae'n personal emergency! Felly os dydych chi ddim isie dal highly contagious STD, well i chi adael Rhian i mewn yn gyflym."

Mae'n rhaid bod Siân wedi rhybuddio Dr Gwyn bod fi'n cael melt-down: roedd 'da fe Family Pack o tissues yn barod. Wnes i eistedd i lawr a byrstio i lefain fel proper mentalist. Ar ôl cwlo lawr, wedais i, "Mae'n rhaid i Mam stopio bod yn agroffobical erbyn fy mhriodas. Wna i drio unrhyw beth."

Roedd Dr Gwyn yn lysh a wedodd e, "Mae'n rhaid bod e'n anodd iawn i ti." Ond tbh, tan nawr, dyw e ddim wedi bod. Yn yr ysgol, pan oedd mamau eraill yn dweud, "PAID aros mas yn hwyr" roedd Mam fi yn dweud, "Os ti isie, aros mas yn hwyr!" ac yn aml, os oeddwn i'n trio aros mewn i wylio *Pobol y Cwm* gyda hi, roedd hi'n gofyn, "Pryd ti'n mynd mas?". Dyna pam gawson ni Hywel. Ro'n i'n edrych fel total loser yn cerdded o gwmpas y dre ar ben fy hun trwy'r amser! Roedd hi'n grêt fel 'na, Mam. (FYI, wnaethon ni ddewis yr enw Hywel achos mae Mam wastad wedi ffansïo Hywel Gwynfryn.)

Eniweis, roedd 'da Dr Gwyn newyddion da. :) Mae agoraffobia yn welladwy! A newyddion drwg. : (Mae Mam angen THERAPI, sy'n crazy drud, yn enwedig os ti angen cael e yn y tŷ. : (

> **@madamrygbi** *Oes siawns am shiffts ychwanegol plz* **@S4Carlein**??!! *Hapus i lanhau'r tai bach neu UNRHYW BETH. Fi jyst angen cashish. Quick. K?!*   2m

Chwarae teg, wnaeth Dr Gwyn adael i fi ailneud fy masgara cyn i fi fynd 'nôl i'r dderbynfa. Mae e'n gwerthfawrogi pa mor bwysig yw e bod fi ddim yn cerdded o gwmpas y dre gyda panda eyes. Mae paparazzi o *Golwg* a'r *Cymro* yn debygol o snapo fi a dechrau ridiculous rumour bod perthynas Jamie a fi on the rocks...

Cais!

Mailbox | **Inbox**

From: richardlord@walesmilleniumstadium.co.uk
To: rhian@madamrygbi.com

Bore da Rhian,
Diolch am gysylltu ac am ystyried Stadiwm y Mileniwm fel lleoliad ar gyfer eich priodas. Roedd y bygythiad i dy ladd di yn jôc, nid yn fygythiad go iawn. Wedi dweud hynny, rwyf yn difaru dewis yr union eiriau. Er mwyn osgoi cymhlethdodau cyfreithlon, fe anghofiwn am y ffi llogi arferol o £550,000 ar gyfer eich priodas.

Cofion,
Richard

From: rhian@madamrygbi.com
To: richardlord@walesmilleniumstadium.co.uk
cc: pennaeths4c@s4c.com

OMG newyddion awesome, Richard!! Sorted. : D
Mae S4C yn mynd i ddarlledu'r briodas yn fyw ar TV.
:) Mae'n total no-brainer. Bydd ratings yn sky high.
I mean, like, hello? Dyma'r briodas celeb fwya high profile ers Prince William a K-Middy. Ond bydd e'n well na'u priodas nhw achos bydd loads o carnage caught on camera. ;)

Wela i di'n fuan, Rhian :)

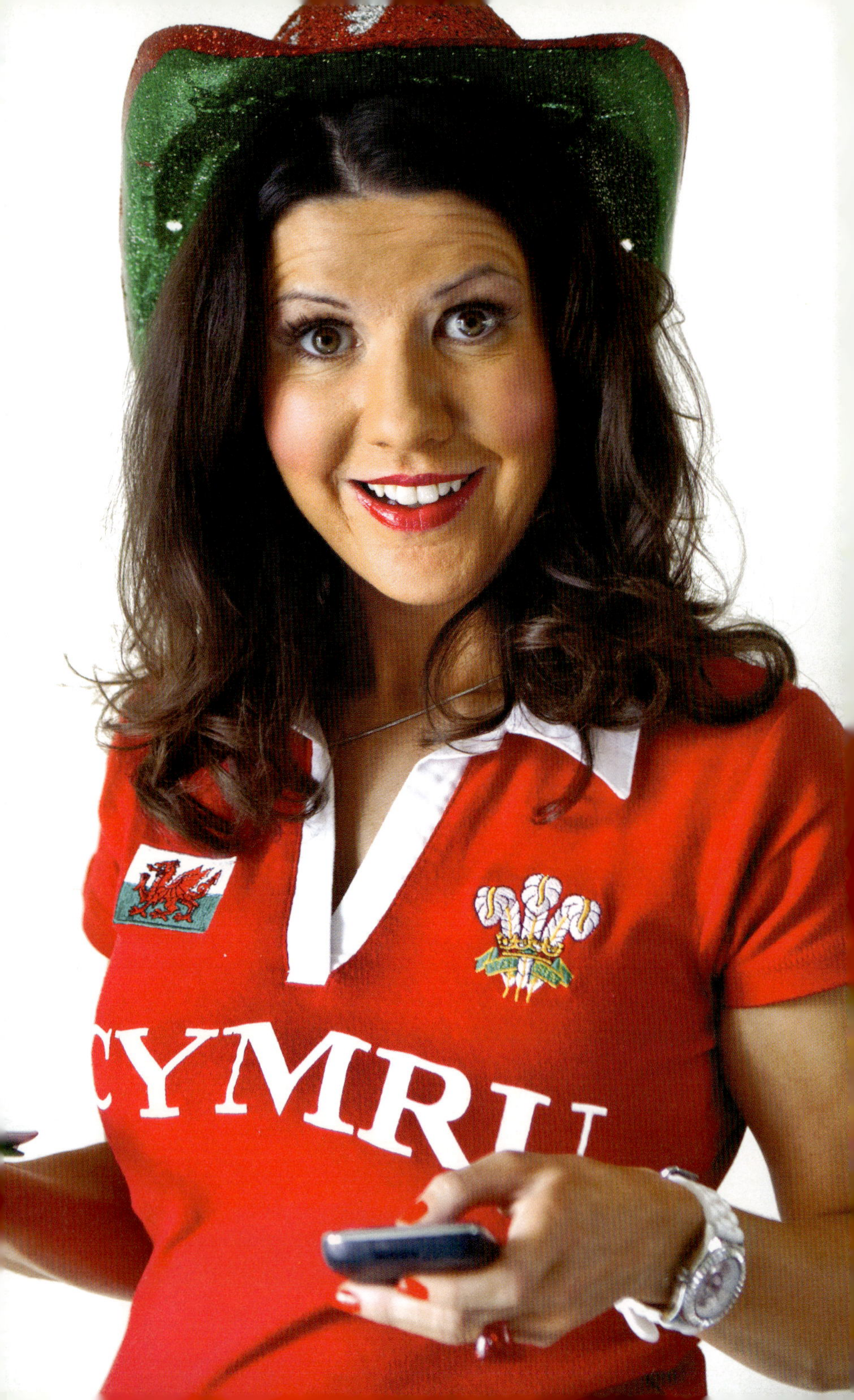
CYMRU

Gwahoddiad VIP

@madamrygbi Hei **@jamie_roberts** Ti ddim wedi RSVP-o eto lol??!! : o xoxo   3d

Mae'n bleser gan Melaine Davies a Dai Llywelyn eich gwahodd i

Wedding Rehearsal Dinner

Rhian Madamrygbi Davies a Jamie Huw Roberts

yn 12, Market Street, Porth

Ionawr 25, 7pm

Gwisg: Smart casual

Dyw Jamie a fi ddim yn siarad lot ar y Twittersphere achos ni mor sicr yn ein perthynas, ni ddim angen public displays of affection. Ac mae rhywbeth rhamatus am sneako mewn i'r stafelloedd newid a gadael love letter (prehistoricalist, fi'n gwybod!).

Hi babe

Cofia'r rehearsal dinner yn tŷ fi nos Wener. Ti'n gorfod bod yna i wneud yn siŵr bod ti'n hapus gyda'r fwydlen (obvs) ac i gwrdd â teulu fi - aka future in laws till!! Btw, mae non-real Dad fi, Dai, yn dechrau stresso bod ti ddim rili yn caru fi achos ti'n gwneud zero i drefnu'r briodas lol. Ie - fi'n gwybod, mae e'n crazy. Mae digon o bobol yn helpu yn barod, like mae partner Dai - Jerome - yn dod yr holl ffordd o Ffrainc yn arbennig!! :)

Fi methu credu bod ti a fi yn mynd i fod yn husband and wife yn fuan!!!
NON-SILENT SCREAM

METHU ACTUALLY AROS,

CARU T LOADS A LOADS,
Rhian xoxo

p.s. Diolch am y love heart cupcakes :)

Streic Siarad

Dyw Mam ddim wedi siarad â fi ers pump diwrnod. Sdim syniad 'da fi pam, chwaith. Mae'n yawn yawn STRESSFUL, yn enwedig achos dyw Dai ddim yma i sortio hi mas (mae e'n ymweld â Jerome yn Ffrainc... ETO.) ;) Fi'n gwybod dyle fi ddim fod wedi, ond pan aeth hi i'r gawod, wnes i edrych trwy'i llythyrau hi a Death Row John am gliwiau. Mae pobol yn synnu bod nhw'n pen-pals ond tbh, mae 'da nhw lot yn gyffredin, fel dyw'r un ohonyn nhw byth yn mynd mas... i un man. Yn y dechrau, roedd eu llythyrau yn rili boring.

Hi Melaine
The days are long here but I keep busy watching Friends on TV. What do you do?
John

Hi John
I love Friends too!! Sometimes I watch a whole box set in a day. Hang on, my Tesco online shop has just arrived so gotta go, sorry.
Melaine

Wedyn, yn raddol, aethon nhw yn fwy heavy.

To my Soulmate Melaine,
Every letter you write to me takes away the clouds in the sky and lets the sunshine burst back into my life!! Are there lots of Melaines in Wales? If so, Wales must be heaven.

Yours always,
John

Hello Sunshine :)
I am the only Melaine in Wales. My parents couldn't decide between Melanie and Elaine so they joined the two names together to make Melaine. Are there lots of Johns in Texas?

Luv,
Melaine

Hmmm... dim cliwiau. Wedyn, wnaeth y llythyrau droi yn llwyd.

Hi One in a Million Melaine

Gee — thanks for sending money for me to buy a "luxury item" from the prison shop. I bought some shower gel so now, every time I take a shower, I think of you, which sure is a luxury.

All my love
John

Dear John,
Baby u light up my world like nobody else
If only u saw what I can see
You'd understand why I want u so desperately
Right now I'm looking at u and I can't believe
You don't know u're beautiful

BIG KISSES,
Melaine

O'n i'n well-impressioned fod Mam wedi ysgrifennu barddoniaeth.

Ond wedyn wnes i sylweddoli'i bod hi wedi dwyn y geiriau o gân One Direction.

A wedyn, BOSH, wnes i ffeindio cliwiau!

John,

I'm tamping. Rhian wants me to have THERAPY cos she wants me to get out of the house. Why doesn't she love me like I am? It's all cos she wants to have her wedding in a massive stadium. Our house isn't good enough for her any more. I reckon all this being on the telly and marrying a famous rugby player is going to her head. What do u think?

Yours angrily,
Melaine

Ah - nawr fi'n deall. Grrrrr! :(Aros funud...

My darling Melaine,
Don't be mad with me for saying this but I think Rhian's done a beautiful

*thing for you. Imagine how fantastic it'd be to get better, take a walk on the seaside and breathe in the fresh air. I'd kill for that.
Try it for me? I'll be with you in spirit, holding your hand every step of the way.*

*Loving you more than ever,
John*

Chwarae teg i Death Row John. Mae'n siarad proper sense. Croesi bysedd dyw e ddim yn cael ei execyto cyn y briodas. : O Es i'n syth i'r ardd i roi'r low-down i Big Dave – roedd e'n peintio cenel Hywel. Wnaeth e stopo, rhoi ei frwsh lawr a'i law ar fy ysgwydd.

"Paid poeni, Rhi," wedodd e. "Bydd dy fam yn dod rownd. Wna i neud yn siŵr bod hi."

"Aaaaw diolch, Big Dave. Fi'n caru ti," wedais i ond doedd e ddim yn gwrando achos roedd e'n brysur yn tweetio Mam:

> **@BigDave** FYI **@melaine**, mae Kim Kardashian a Mariah Carey yn cael therapi. If it's good enough for them, it's good enough 4 u. #justsayin

Enwogs + Non-Enwogs

Mae pobol yn bihafio'n WEIRD o gwmpas enwogs. Fact. Pan briododd Catherine Zeta Jones a Michael Douglas, guaranteed roedd hi'n freako mas big style am sut oedd y NON-ENWOGS (teulu hi) yn mynd i fihafio gyda'r ENWOGS (teulu Douglas & ffrindiau Hollywood).

Fi wedi gweld loads o MENTAL BEHAVIOUR yn digwydd pan mae NON-ENWOGS yn cwrdd ag ENWOGS, ac i wneud yn siŵr fod dim byd fel hyn yn digwydd yn y briodas, fi wedi ysgrifennu'r *TRI GORCHYMYN*

1   *PAID Â DWEUD WRTH CHWARAEWR RYGBI PROFFESIYNOL SUT I CHWARAE'N WELL*

Yn Seland Newydd, roedd y bois yn mynd mas am fwyd un noson (sy ddim yn digwydd yn aml achos fel arfer mae'n rhaid iddyn nhw aros yng ngwesty'r tîm i gael wyau, cyw a protein overload.) Mae random chick yn dilyn Mike Phillips o gwmpas. Dim byd shocking yn hynna achos mae Mike yn HOT... obvs. Aeth hi draw i siarad â fe, cafodd hi lun, wedyn wnaeth hi jyst ddim stopio haslo fe, fel petai hi wedi cael un sgwâr o siocled ond nawr, roedd hi isie'r bar cyfan. Ar ôl tua dwy awr o drio cael sylw Mike, dwedodd hi wrtho fe, "Pan ti'n mynd i sgorio cais, ti wastad yn gwastraffu amser. Dylet ti fynd yn syth mewn am y cais."

OMG, dwi'n siŵr fod Mike, un o fewnwyr gorau'r byd, yn ddiolchgar iawn i random chick am roi tips iddo fe. NOT.

2   *TÎM "NI" NEU TÎM "NHW"*

Un o pet hates fi yw pobol yn dweud "Yay!! Wnaethon NI chwarae mor dda" pan ma'r bois yn ennill ac wedyn, "Wnaethon NHW lot o gamgymeriadau. Dylen NHW ddim fod wedi colli" pan ma'r bois ar downer. Mae hynny fel bloke yn galw ei gariad yn "my gorgeous girlfriend" pan mae hi'n glammed up, ac yn "random bird" pan mae hi'n slobio o gwmpas yn ei onesie. Not on. Dyle cefnogi'r tîm fod fel priodi – for better or for worse. Mae'n rhaid dewis: ti'n un ai'n TÎM NI neu'n TÎM NHW, k?

3   *PAID SYLLU FEL MENTALIST *

Yn aml iawn, pan mae NON-ENWOGS yn gweld ENWOG fel Sam Warburton yn Tescos, maen nhw'n cael starstruckitis yn sydyn, rhewi a jyst syllu ar yr ENWOG, fel petai e'n rhyw fath o zoo animal. Rhaid cofio bydd hwn yn freako nhw mas big style a bydd e hefyd yn neud i ti edrych fel total mentalist. Lose-lose situation. Y peth pwysicaf i wneud o gwmpas ENWOGS yw actio'n cŵl, fel fi'n gwneud bob amser. Like, pan fi'n gweld bws y tîm yn pasio trwy ganol Caerdydd ar ddiwrnod gêm:

Chi'n gweld – fi'n cŵl as ice.

DJ Gethin Jenkins

@madamrygbi **@gethin-jenks** **@sam_warburton** 1d
told me u r DJ on team bus, u get boys psyched. Plz can u b DJ when I marry u know who? :) xx

@gethin-jenks Yeah, no problem. 30m
@madamrygbi Who u marrying?

@madamrygbi ROFL. Awesome – thanx 28m
@gethin-jenks :) p.s. do u know if "Long Dog" is single? **@siansumma** wants 2 know ;)

Tocyn Texas

Wnaeth Big Dave adael y neges yma ar fwrdd y gegin bore 'ma.

Hi Melaine

Jyst yn meddwl, os ti'n gwella, byddet ti'n gallu ymweld â Death Row John yn Texas. Fi wedi ffeindio flights – £285 return. :) Allwn ni gyd gael hwnna fel Crimbo present i ti. Well na Selection Pack?

Big Dave X

Château Daiome

> **@madamrygbi** OMG **@dapperdai** a fi mor excited i groesawu French rugby agent extraordinaire **@jeromebonnier** i Market Street wythnos nesa!!!! : D   5m

Mae love affair Dai a Jerome wedi symud yn seriously gyflym. Maen nhw ond wedi bod yn datio ers blwyddyn ac mae e'n symud mewn yn barod!! Sai'n credu bod neb foreign fel Jerome wedi byw ar Market Street, like erioed. Tbh, fi'n pryderu tipyn am sut fydd e'n setlo achos mae 'da fe fancy French taste ac mae tŷ Dai fel Travelodge. : p Mae'n lân, teidi a cheap. Mae e mor ofalus gyda phres dyw e byth yn prynu dim byd sy ddim yn 100% essential, yn enwedig gyda'r briodas yn dod lan.

Roedd Big Dave yn gwybod bod fi'n stresso am y peth felly wnaeth e feddwl am PERFECT SOLUTION. Wnaeth e anfon Dai i gael sleepover gyda fi.

Erbyn chwech o'r gloch y bore wedyn, ar ôl sesiwn hard-core DIY drwy'r nos, daeth Big Dave i nôl ni: roedd e wedi rhoi MAJOR MAKEOVER i dŷ Dai. Wnaethon ni gerdded mewn a roedd y tŷ yn unrecognisable – roedd e fel château yn Ffrainc. Roedd Big Dave wedi mynd â dodrefn Dai i'r tip a nawr, roedd popeth yn shabby chic antiques. Roedd e hyd yn oed wedi gweud i'r paintwork edrych yn antique. Roedd Dai mor impressioned, roedd e'n speechless.

Wnaethon ni ailenwi No.11 Market Street. O hyn ymlaen, enw'r tŷ yw CHÂTEAU DAIOME – the perfect new home for Dai and Jerome.

Nice one, Big Dave : D

Take a Break

> **@madamrygbi** OMG diolch i **@BigDave** mae gwyrth wedi digwydd. Mam wedi stopio'r streic siarad – fi'n clywed hi'n ei stafell wely. :)   2d

Roedd Big Dave a fi yn y lolfa yn paratoi'r favours ar gyfer y briodas (74,500 o ddreigiau bach coch fflyffi) pan glywson ni Mam ar y ffôn gyda *Take A Break* magazine.

"I'm basically a bit like Mariah Carey – I've been emprisoned by issues. It's been hell!!" wedodd hi mewn llais calonnog. "And now, after years of imprisonment, I'm ready to start the painful process of therapy. There are lots of people out there suffering like me and Mariah. Your readers need to hear about us."

Mae Mam yn blatantly mwy excited am fod yn ENWOG na GWELLA. Lan lofft, roedd hi'n mynd ymlaen, "Yeah – course I'll email you some photos. No rude ones though – ha ha ha!! I'll save them for when I'm proper famous," wedodd hi fel 'jôc' ond roedd hi'n deffo meddwl e.

Rhyngddot ti a fi, mae S4C yn chomping at the bit i wneud rhaglen ddogfen am Mam: *"Dynes sy heb adael y tŷ ers 24 mlynedd yn stryglo i wella ar gyfer priodas ei merch â chwaraewr rygbi rhyngwladol.*" Bydde fe mor feel-good, bydden nhw'n gallu ailddarlledu fe fel 800 gwaith, fel *Dechrau Canu, Dechrau Canmol* – never gets boring.

Roedd Big Dave a fi jyst yn setlo lawr am baned a phice mân Brace's pan ddaeth Mam i'r lolfa i wneud cyhoeddiad.

"Mae'r streic siarad yn O. to the V.E.R" ac ar ôl saib Eastendersaidd, ychwanegodd hi, "'Wy'n barod i drio therapi." Hale-friggin-lulah!! :))

Wedding Rehearsal Dinner

@madamrygbi **@jamie_roberts** Methu aros i'r rehearsal dinner. Ydych chi'n barod **@melaine** **@dapperdai** **@siansumma** **@BigDave** **@jeromebonnier**? *20m*

@dapperdai edrych mlaen i gwrdd â ti **@jamie_roberts**!!! O'R DIWEDD. :) *14m*

@jeromebonnier I fly in to Cardiff airport so can give you a lift en route if you want **@jamie_roberts**? *12m*

Mae Mam a Dai wedi bod yn glanhau fel maniacs. I swear, byddwn ni'n gallu bwyta off unrhyw surface yn y tŷ heno – hyd yn oed llawr cenel Hywel. Not one millimetre has been missed.

Mae Big Dave wedi gwneud y jobsys ar TO DO LIST Mam I GYD. Mae'r silffoedd yn syth, mae'r stafell molchi yn leak-free ac mae'r soffa yn re-upholstered – mae'n lliw hufen, fel mae Mam wastad wedi isie a, tan heno, roedd industrial strength cling film drosto fe fel bod neb yn gallu'i wneud e'n frwnt. Mae'n gwynto fel tu mewn i gar newydd ond mae'n edrych yn gorgeous.

Mae'r prif oleuadau yn banned nawr – ni'n gorfod defnyddio'r lampau bach yn unig er mwyn cael soft lighting effect. Yn ôl Dai, mae hyn yn gwneud i'r tŷ (a ni) edrych yn well.
All our clutter is dead.
Mae e fel friggin show home.

Fel Catering Manager, o'n i'n slafio yn y gegin drwy'r dydd, yn rhyddhau fy inner Nigella – cael y peis mas o'r pacedi a rhoi'r Doritos a'r dips yn y bowlenni. Roedd pawb arall yn glamo lan... big style.

Roedd Mam a Siân yn gwisgo little black dresses mor fyr, roedd foofs nhw bron mas. Chwarae teg, roedd y ddwy ohonyn nhw'n edrych yn stunning, ond mewn ffordd transvestite achos roedd Mam wedi gwneud eu colur.

Roedd Dai yn gwisgo siwt designer roedd Jerome wedi prynu iddo fe ac, am unwaith, roedd Big Dave mas o'i overalls...
"Wow – chi i gyd yn edrych yn HOT!" wedais i.

"Dyw Jamie Roberts ddim yn dod i'r tŷ bob dydd," wedodd Dai gyda... gyda gwên enfawr, cyn mynd yn serious. "Cofiwch, bawb – peidiwch â siarad am bengliniau neu anafiadau, rhag ofn ypseto Jamie!"

"Ydy hi'n olreit i regi?" gofynnodd Big Dave.

"Tria beidio..." wedodd Dai. Roedd Big Dave yn edrych yn bryderus.

"Pan mae'n cyrraedd, dyle fi ysgwyd ei law neu roi cwtsh iddo fe?" gofynnodd Mam.

"Well i ti ysgwyd ei law i ddechrau..." wedais i, achos os bydde hi'n cael gafael arno fe, mae 'na siawns bydde hi byth yn gadael fynd.

Roedd popeth yn mynd moooor dda... tan i Jerome gyrraedd.

"Haiaa! Bonsoir!" wedodd e gan waltsio'n syth i'r gegin, taflu ei suitcases Louis Vuitton ar y llawr, fflico fi mas o'r ffordd, agor drws y popty a gofyn, "So, chef, what is on the menu?"

"We've got Doritos and dips to start, then pies for the main," wedais i.

Wnaeth Jerome edrych arna i fel bod fi'n insane in the membrane. Wedyn gofynnodd, "*Non, non... sérieusement*, what are we eating?"

Wnes i bwyntio at y Doritos a'r dips yn barod ar y bwrdd a'r peis yn y popty, gyda storm o rage yn codi yn fy mol.

"Rhian, *ma cherie*, this does not count as *le dîner*. This is only an *aperitif*."

> **@madamrygbi** *What is an aperitif?! Do u know* *@lee_byrne @james_hook @luke_charteris?*
>
> *10m*

> **@lee_byrne** Snacks u have b4 dinner x 5m

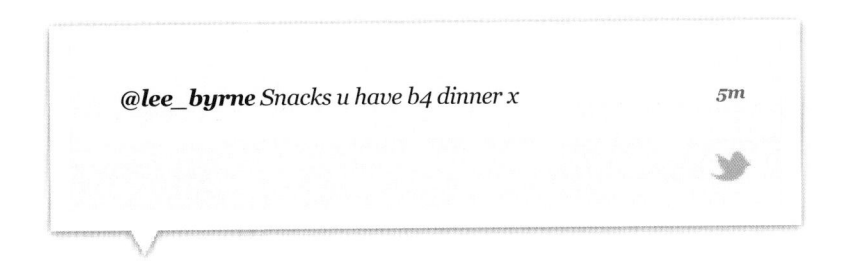

Wnes i gywiro Jerome. "I'm sorry, Jerome, but you're in Wales now, and in Wales, two DIFFERENT PIES deffo counts as dinner."

"Get out of this kitchen!" ffrwydrodd e. "I cannot present a professional rugby player with this food. In France, you would not feed a dog with this *sheet*."

Gwthiodd e fi i'r lolfa gan sgrechian, "From now on, I AM CATERING MANAGER" a gyda hynny, slamiodd ddrws y gegin fel bod e'n gallu gwneud *canapés* (?) a *soufflés* (?!) a... a... loads of stuff I can't pronounce.

Wnes i stompio o gwmpas.

"Fi jyst isie iddo fe ffrigo 'nôl i Ffrainc."

Doedd Dai ddim yn hapus.

"Paid bod yn anniolchgar, Rhian. Mae e ond isie'r gorau i ti a Jamie ar eich diwrnod mawr. Sdim llawer o bobol byddai'n cynnig gofalu am y bwyd ar gyfer 74,500 o bobol."
Good point, I guess.

Erbyn 7.30pm, roedden ni i gyd wedi cyffroi, fel plant gwyllt yn high ar e-numbers. Wnaethon ni aros wrth y ffenest i weld car Jamie yn cyrraedd. O'r diwedd, clywson ni sŵn injan. Aeth pawb yn mental, cyn rhuthro i eistedd ac edrych yn casual. Wnes i beltio i ddrws y ffrynt a swingo fe ar agor. Ond dim ond Dominos Pizza delivery ar gyfer rhif 10 oedd yna.

"Nid fe yw e!" gwaeddais i.

"Oooo," ochneidiodd pawb.

Wedyn, aethon ni gyd 'nôl at y ffenest. Erbyn 8.15pm, ro'n i'n poeni. Wnes i decstio Jamie.

> **Hei! :) Ti'n ok? T ar y ffordd? Traffig gwael? Lemme know. :S Caru t. xoxo**

"Fi credu bod e'n styc mewn traffig," wedais i wrth bawb. "Bydd e yma'n fuan."

Just as well, achos doedd y bwyd Ffrengig ddim yn barod. Aethon ni i gyd ar y sil ffenest eto. Wnaeth neb ddweud gair, rhag ofn i mi beidio clywed y ffôn yn canu. Lle ffrig oedd Jamie?

Erbyn 9.30, roedd y bwyd a'r atmos yn dechrau oeri. Roedd pawb yn twitchy. Roedd Dai mewn total panic, yn poeni bod Jamie wedi anghofio neu... bod e ddim isie dod. Fe a'i hyperactive mind! : s

Wnes i ffonio fe eto - 14 gwaith - ond doedd e dal ddim yn ateb.

"Mae'n rhaid bod e mewn sesiwn ymarfer…"

"Am 9.30 yn y nos?" gofynnodd Dai.

"Ie. Mae Warren G yn hard-core. Bydde fe ddim yn gadael iddo fe gadw ei ffôn mlaen," esboniais i.

Roedd pawb yn deall, ond roedden nhw mor siomedig, fel deflated helium balloons.

"Fi'n credu dylen ni ddechrau hebddo fe," wedais i.

Aeth Dai yn ape: "A wedding rehearsal dinner without the groom? That can't happen…"

Roedd Jerome yn cytuno: "*Absolument* – besides, only peasants start eating without all the guests present. It is *absolument inacceptable*…"

Erbyn hanner nos, doedd Jamie dal ddim wedi cyrraedd. Roedden ni mor starving, bydden ni wedi gallu bwyta ein dwylo. Wnaethon ni benderfynu – fel teulu – ei fod e'n acceptable i ddechrau hebddo fe.

Roedd Mam, Dai, Big Dave a Siân fel *MasterChef* judges, yn cymeryd massive mouthfuls o'r bwyd ac yn dweud ei fod e'n "lush", "orgasmic", "quality" a "sensational" – WTF?! Yn bersonol, o'n i'n meddwl bod e'n olreit ond wnes i secretly pasio rhan fwya ohono fe i Hywel oedd yn cuddio o dan y bwrdd. Doeddwn i jyst ddim isie bwyd achos roedd 'da fi weird sinking feeling fod rhywbeth o'i le…

***

Ac yna, o'r diwedd, wnes i pin-pwyntio yn union beth oedd o'i le: roedd e'n lot o ymdrech yn y gegin, a dim lot o flas. OND meddylia am un briodas ti 'di bod lle mae'r bwyd wedi bod yn ANHYGOEL?! Go on, meddylia am UN.

Ti'n gweld – I bet you can't. Ti wastad yn cael samwn soggy neu gig oen chewy. I gymharu gyda hynny, dyw bwyd Jerome ddim mor horrific wedi'r cwbwl!

"Sorry about earlier, Jerome," wedais i. "It's kind of you to offer to be Catering Manager. Just so you know, there's 74,500 guests – 12,000 vegetarians and 6245 who are wheat intolerant, but apart from that it'll be really easy."

Cyfarfod Crisis

Fi'n gwybod bod rhywbeth yn seriously bod ar Dai heno achos mae 'di canslo date night gyda Jerome ac mae e'n mynd â fi mas am fwyd a does neb arall yn cael dod... like, ddim hyd yn oed Hywel. Mae 'da fi sneaky feeling mae e'n mynd i gico off achos bod fi wedi gwario loads ar ffrog briodas fi. Wps lol. :)

Dapper Dai
checked in at Pizza Paradise 19.00

Rhian Madamrygbi Davies
checked in at Pizza Paradise 19.02

Hoffi . Gwneud sylw . Rhannu

Ro'n i wedi bod yn ffilmio drwy'r dydd felly o'n i'n wolfo Pepperoni Feast fi fel urban fox yn mynd trwy'r bins. Wnaeth Dai ddim cyffwrdd yn ei Fiorentina – doedd dim chwant bwyd arno fe apparently, felly wnes i fwyta un fe hefyd. :) Wnaeth e jyst gwylio fi ac fel arfer, bydde hynny wedi freako fi mas ond o'n i'n rhy starving i sylweddoli, rili. O'r diwedd, pan o'n i'n preggers gyda pizza, wnes i ofyn, "Be sy'n bod, Dai??"

"Edrych, Rhi, sdim ffordd hawdd i ddweud hyn," wedodd e.

Roedd e'n edrych mor serious, ro'n i'n meddwl roedd 'da fe AIDS. I swallowed hard. Wnaeth e gario mlaen: "Fi ddim yn siŵr os ydy Jamie yn marriage material."

OMG, seriously, os oedd Dai yn cael tenner bob tro mae'n poeni am rywbeth ridiculous fel hyn, bydde fe'n billionaire. Byddwn i ddim yn meindio os oedd e'n poeni am proper stuff, fel os oedd Denz yn mynd i gael ei resurrecto a dod 'nôl i Gwmderi... ond Jamie?? Plis...

"Save your head space, Dai," ochneidiais i.

"Nawr call me traditional..." torrodd e ar draws, gyda flutter o'i ddwylo, "ond wnaeth e ddim gofyn fy nghaniatâd i cyn gofyn y cwestiwn mawr." Ugh, mor old school... "Dim jyst hynny sy'n poeni fi," wedodd e. "Chi wedi bod gyda'ch gilydd am sbel nawr a dyw e ddim wedi gwneud yr ymdrech i ddod i Market Street i gwrdd â ni. Ti'n hollol siŵr bod e'n committed??"

Grrr. Fi'n cael hyn trwy'r friggin amser. Wrth gwrs bod e'n committed, ond "Helô?!" mae e'n super brysur.

Os ti ddim mewn perthynas gyda chwaraewr rygbi rhyngwladol, sdim gobaith i ti ddeall pa mor brysur ydyn nhw. Os oeddet ti'n gofyn i Jamie pryd mae pen-blwydd fi, byddai honestly ddim cliw 'da fe. He's that hectic.

"Edrych Dai, weithiau, mae rygbi yn gorfod dod yn gyntaf a love life yn ail. Mae'n FACT OF LIFE ar gyfer WAGs."

Wnes i siarad gyda Tanya Jones - cariad Scott Williams - ac roedd hi'n cytuno 'da fi: "Pan mae Scott angen canolbwyntio ar gêm bwysig, 'wy'n cadw'n brysur ac yn gadael llonydd iddo fe. Syml!"

Totes be fi'n neud gyda Jamie hefyd... ac wrth gwrs, mae e werth e ar ddiwrnod y gêm. Fel fi, mae Tanya'n lyfio gwylio'r bois in action: "Mae'n ddiwrnod cyffrous a nerfus dros ben. Mae'r awyrgylch yn y stadiwm yn anhygoel. 'Wy'n rili joio ymlacio a yfed bach o win gyda'r merched eraill wrth wylio'r gêm. Maen nhw i gyd yn hyfryd a rili down to earth! Mae'n ddiwrnod prowd, arbennig iawn i ni gyd."

Roedd Dai deffo'n teimlo'n well ar ôl clywed bod Tanya'n rhoi space i Scott, fel fi'n rhoi space i Jamie.

"Sori, Rhi," wedodd e. "Fi'n gwybod bod fi'n poeni gormod ond sai'n deall rheolau byd rygbi – ar nac oddi ar y cae. Mae e fel planed arall."

"IE, planed awesome lle ma'r dynion yn insanely HOT!" wedais i.

*END OF *

Jacqueline

Enw therapydd Mam yw Jacqueline. Cyn iddi hi gyrraedd, roedd Dai, Big Dave a fi yn rhedeg o gwmpas y tŷ fel mentalists yn trio gwneud yn siŵr fod popeth yn dusted a polished i'r max. Roedd Jerome yn coginio cacennau ffansi Ffrengig o scratch ac roedd Mam lan lofft yn rhoi modfedd o golur ar ei hwyneb. Roedden ni i gyd mor excited, roedd fel petai'r Frenhines neu rywun proper pwysig fel Justin Bieber yn dod draw.

Wnes i glywed sŵn kitten heels tenau yn tapio'n araf ar y palmant tu fas. Wnaeth Dai a fi ruthro i'r drws ffrynt i ddarganfod y ddynes ddu fwya hands down hardd oedd erioed wedi dod i'n stepen drws.

"Hello," wedodd hi mewn llais melfed. "You must be Melaine?"

"No – that's my mam. I'll get her now. MAM! MAM!!" gwaeddais i lan stâr. "Your therapist's here."

"Follow me," wedodd Dai, ei lygaid ar agor yn llydan fel ci bach. Roedd e'n amlwg bron marw isie'i dangos hi i Jerome. Roedd e'n sefyll casually yn dal plat o gacennau wnaeth e bron â disgyn, yn awestruck. Roedd hi'n gwisgo t-shirt dress. Doedd hi ddim wedi gwisgo lan na unrhyw beth, ond roedd hi jyst mor soffistigedig, wnaethon ni i gyd syrthio mewn cariad gyda hi.

"We thought you could sit there, Jacqueline, and Mam can have the couch, in case she needs to lie down during the therapy? That's what you do, isn't it?" gofynnais i.

"Thank you," wedodd Jacqueline. Roedden ni i gyd yn aros iddi ddweud rhywbeth arall ond wnaeth hi jyst gwenu gyda'i gwefusau anhygoel. Wedyn wnes i sylweddoli bod Dai, Jerome, Big Dave a fi yn sefyll mewn rhes yn syllu arni hi fel proper twats.

"I'll go and get Mam," wedais i, a swingo drws y lolfa ar agor. Pwy oedd yn sefyll yna yn aros, i wneud grand entrance, ond Mam. Roedd hi'n gwisgo ei ffrog shocking pink felly roedd hi'n edrych fel Quality Street enfawr.

Edrychais ar Jacqueline. Ro'n i'n poeni ei bod hi'n meddwl bod Mam yn total nut job, ond roedd ei hwyneb dal yn llonydd. Wedodd hi yn dyner, "You must be Melaine. Nice to meet you."

Wnes i freezo - plis Mam, paid gwneud curtsey na dim byd, meddyliais i. Yn ffodus, roedd Mam mor stunned gan hyfrydwch Jacqueline, wnaeth hi jyst sefyll yna tan iddi hi ofyn, "I wonder if you could all leave Melaine and I to it, so we can begin?"

Yn sydyn, cofiais pa mor ddrud oedd y sesiwn a wnes i boltio mas. Wnaeth Dai a Big Dave ddilyn fi.

Roedd Jerome yn gwneud pantomeim o roi'r cacennau i lawr ar y bwrdd. Roedd e obvs yn aros am compliments am ei goginio. Saethodd Dai death stare ato fe, cymerodd e'r hint a wnaethon ni i gyd ruthro drws nesa i Château Daiome.

Tbh, fi'n credu roedden ni i gyd secretly isie bod yn agroffobical y diwrnod yna, jyst er mwyn cael sgwrs ar ben ein hunain gyda Jacqueline.

***

Gadawodd Jacqueline bang ar yr awr, gyda'r geiriau syml, "See you next week, Melaine." Wnaethon ni i gyd chwifio'n dwylo wrth iddi gerdded ar hyd Market Street fel cat-walk model. Wnaeth Mam rhoi'r low-down i ni.

"Bydd Jacqueline yn dod bob dydd Gwener am ddeg wythnos ac ar ôl yr amser yna, os 'wy'n gweithio'n galed, mae hi'n meddwl bydda i'n gallu dod dros fy agroffobia."

> **Rhian Madamrygbi Davies** Ionawr 27
> Yn ecstatical. Ar ôl 24 mlynedd o fod yn agoraffobical, mae Mam fi, Melaine Davies, yn trio gwella. Mooooooooooooor prowd!!! Caru t Mam xxxx
>
> Hoffi . Gwneud sylw . Rhannu
>
> 👍 Mae 42 o bobl yn hoffi hyn

Woop woop!!! : D

Roedden ni i gyd yn rhoi cwtshys mawr i Mam pan, yn sydyn, wnes i sylweddoli – fel pwniad caled yn y bol – bod deg sesiwn gyda Jacqueline yn costio mwy na beth fi'n ennill mewn mis. : (

Jyst cyn i mi gael major melt-down, wnaeth Big Dave roi ei law ar fy ysgwydd a chyhoeddi:

"Fel chi gyd yn gwybod, fi wedi bod yn safio lan i brynu DIY fan newydd ond i fod yn onest, mae'r un sy 'da fi yn fine. And if it ain't broke... Felly, fi isie talu am y therapi fel anrheg priodas gynnar i ti a Jamie, Rhi."

"Ti'n siŵr?!" gofynnais i, yn hollol stunned.

Heb oedi, atebodd e, "100%."

Wnes i byrstio i lefain gan deimlo hapusrwydd a rhyddhad kind of ar y cyd. I ddathlu, wnaethon ni gyd eistedd i fwyta'r cacennau doedd Jacqueline ddim wedi'u cyffwrdd, probably achos roedd hi'n ofni bod Roehipnol ynddon nhw.

Weakest Link

Noson ryfedd heno. Roedd Mam a fi yn cael cheese on toast, yn gwylio *Weakest Link* ac roedd 'na ddyn arno fe oedd yn gwybod yr ateb i bob un cwestiwn. Like, roedd e mor dda doedd hyd yn oed Anne Robinson ddim yn gallu meddwl am unrhyw beth cas i ddweud wrtho fe.

Stopiodd Mam fwyta. *PANIC ALERT* O'n i'n meddwl probably achos roedd y dyn mor, mor dda ac roedd hi'n massively impressioned. Ond wedyn wedodd hi:

"Dyna dy Real Dad."

OMG! O leiaf roedd e'n dda ar *Weakest Link*. Like, os oedd e wedi bod yn rubbish, bydde fe wedi bod yn real let-down.

Coron Driphlyg

> **@madamrygbi** Hanging out gyda **@george_north** **@rhys-priestland @scott_williams** heddiw!!! : D   4h

Yn ystod Chwe Gwlad 2012, roedd rhaid i berthynas fi a Jamie gymeryd backseat eto ond eniweis o'n i'n rili brysur fel FUNDIT.

Pan o'n i'n ffilmio gyda'r bois, o'n i'n teimlo vibe tawel hyderus yn circulato yn y garfan. Roedden nhw'n gwybod bod nhw'n GALLU ennill y Goron Driphlyg ac wedyn y Gamp Lawn... (Kind of fel fi wastad wedi gwybod bod fi am briodi Jamie – instinct's everything.) Ac roedden nhw'n gweithio'n crazy galed i wireddu'r freuddwyd.

Wnes i sblasho mas ar het newydd!

Os oedd y bencampwriaeth yn glwb nos, Cymru fydde'r bois ar ganol y dance-floor yn gwneud caterpillars, yn dal sylw pawb, a Ffrainc a Lloegr bydde'r bois wrth y bar yn gwneud side-steps gyda occasional running man...

Pan gychwynnodd prize tool, Austin Healey, y rhyfel Twitter gyda Chymru gyfan wrth ddweud bod bois ni ddim yn ddigon hunanhyderus i guro De Affrica yng Nghwpan y Byd, a bod Iwerddon deffo'n mynd i smasho ni, wnes i esbonio iddo fe – wyneb yn wyneb: "In Wales, Austin, we have this quality called

'modesty' where you don't shout about how awesome you are."
Roedd hwn yn beth totally newydd iddo fe...

Ond nid i bois ni: take George North. Pan o'n i'n whippersnapper fel fe, o'n i'n high fivo fy hun os doeddwn i ddim yn bottom of the class. Mae George yn chwarae rygbi world class, fel wedodd Warren G. Ar ôl y gêm yn erbyn Iwerddon, roedd pawb yn cymharu fe gyda'r legend Jonah Lomu. Wnes i ofyn iddo wedyn sut oedd hynny'n teimlo.

"Dwi ddim wedi neud digon i haeddu'r gymhariaeth yna eto," wedodd George.

OMG, mae ei draed totally ar y ddaear – fel bois ni i gyd. :)

Fel Fundit, o'n i obvs reit wrth ochr y tim ym mhob gêm, yn annog nhw gyda *NON-SILENT SCREAMS* a bwydo'r bois ar y bench gyda Turkey Twizzlers. Ar ôl Dulyn, roedd yn super braf dod adre i Stadiwm y Mileniwm. Roedd Rhys Priestland yn cytuno 'da fi: "Does dim byd gwell na chwarae yn Stadiwm y Mileniwm. Mae'r awyrgylch a'r ffans yn ffantastig."

Wedyn, wrth gwrs, aethon ni i Twickers ar gyfer y deal breaker... Oedd 'da fi gymaint o ffydd yn y bois, ges i wheels newydd. Yn lle'r FFAN VAN, ges i'r FFYDD MACHINE.

Roedd gweld Scott Williams yn chargo ar ôl y bêl a sgorio'r cais sensational wnaeth ennill y Goron Driphlyg i ni mor exciting, wnes i bron ffeintio mewn ecstasi. O'n i moooor prowd. O'n i'n gwybod bod e ond wedi gallu sgorio achos o'n i 'di bwydo fe gyda Turkey Twizzlers! ;) Ac roedd gobaith am y Gamp Lawn eto...

Player Snatcher

O'n i'n gwybod bod rhywbeth yn majorly bod ar Jerome heddiw achos fel arfer, pan fi'n ffilmio gyda'r bois, mae'n mynnu bod yn chauffeur i fi. Ond, weirdly, heddiw, roedd 'da fe ormod o bethau eraill i wneud...

Ar ôl cyrraedd y bus stop, wnes i sylweddoli bod fi wedi anghofio fy ffôn. Aaargh. Es i adre a rhedeg lan i fy stafell wely. *RHYFEDD ALERT* – roedd Jerome yn eistedd wrth fy nesg yn edrych trwy fy ffôn. Gyda ffôn fe mas hefyd.

"What you doing, Jerome?" gofynnais i.

Trodd i edrych arna i yn sydyn. Roedd ei wyneb yn goch fel bitrwt, fel bod fi 'di dal e'n gwneud rhywbeth properly dodgy.

"Bah... nothing... I just wanted to work somewhere different..." mwmiodd e, yn panicky.

I didn't buy it. "What are you working on?" gofynnais, yn teimlo'n weirded out.

Triodd e wneud quick exit: "It's not important..."

Wnes i flocio fe: "If it's not important, you can tell me," wedais i gan snatcho'r ddau ffôn. Wnaeth survival instinct gico mewn a wnes i fflicio trwy SENT MESSAGES Jerome:

> 09.03 Hi Jamie Roberts. You are an extraordinary player – the best I have ever seen. Let's meet to discuss deals in France? I will make you a star out there. Jerome Bonnier.
>
> 09.04 Hi Dan Lydiate. You are an extraordinary player – the best I have ever seen. Let's meet to discuss deals in France? I will make you a star out there. Jerome Bonnier.
>
> 09.05 Hi Leigh Halfpenny. You are an extraordinary player – the best I have ever seen. Let's meet to discuss deals in France? I will make you a star out there. Jerome Bonnier.

Roedd Jerome wedi tecstio POB AELOD O'R GARFAN!! OUTRAGEOUS. O'n i'n tamping.

"Jerome Bonnier – you dirty French dog. It's one thing stealing the boys' phone numbers but it's another thing sending them all the same friggin text. You Frenchies've already got Gethin J, Luke C, Mike P, James H, Lee B, Aled B and Huw B, but that's not enough for you, is it? No! Soon, we'll have no-one left to play for our regions – we'll have to start recruiting blokes from McDonald's."

Wnaeth Jerome powtio. O'n i ar y warpath.

"I'm getting a RESTRAINING ORDER on you. If you contact or go anywhere near the boys, you'll be sleeping in the dog-house with Hywel... for the rest of your life."

Wnaeth Jerome waltsio heibio fi a dweud, *"Calme toi*, Rhian... *tu es insupportable... dram-ah-cweeen...."*

Fi'n meddwl dyna'r Ffrangeg ar gyfer "You're right, I'm a total tool.".

@madamrygbi Hei **@BigDave** Ti'n gallu ffito clo ar ddrws fy stafell wely asap plis? Priodas yn agosáu felly mae'n amser stepo lan security.   *12m*

@BigDave pam? : o   *9m*

@madamrygbi rhyfel wedi dechrau rhwng **@jeromebonnier** a fi. : d   *7m*

@BigDave Hmm ok dim probz **@madamrygbi** Wna i e cyn i t ddod adre o ffilmo heddiw. Bride 2 b = top priority. :)   *5m*

@madamrygbi Ta xxxx   *3m*

Bouncers

Fi ond angen tri bouncer yn y briodas achos fi wedi dewis y dynion mwya caled fi'n nabod:

Buck Shelford, legend y Crysau Duon.

Pan oedd e'n chwarae yn erbyn Ffrainc ym 1986, wnaeth un o'i balls e gael ei ripo mas. Wnaeth e ofyn i'r physio stitcho fe lan, wedyn cariodd e mlaen i chwarae. Parch.

Fi'n gwybod byddai Buck yn bouncer da achos mae e 'r math o berson sy ddim yn gwneud dim byd by halves. Pan oedd e'n gapten ar y Crysau Duon, wnaeth e totally transformio'r haka. Aeth e â'r tîm i Goleg Te Aute, ysgol Maori, lle wnaeth 400 o fyfyrwyr ddangos iddyn nhw sut i berfformio'r haka mewn ffordd draddodiadol, like gyda'r un un pŵer, angerdd a chryfder sy'n gwneud i'r gwrthwynebwyr crapo'u hunain pob tro.

Mailbox	Inbox

From: rhian@madamrygbi.com
To: buck@buckshelford.com

Alright Buck?
Remember I told you I was marrying a certain someone…
Well, the wedding's happening on Dec 20th 2012. Plz can u b 1 of the bouncers?? No-one will mess with you cos they'll be scared you'll lamp them like you lamped Huw Richards at the Rugby World Cup in 1987. ;)
Lemme know asap K??

Luv u,
Rhian xx

Mae Buck a fi yn bezzers ers i ni sylwebu gyda'n gilydd yn fyw ar Maori TV yn ystod rownd gyn-derfynol Cwpan y Byd 2011.

Pan ddechreuodd opening credits y rhaglen a rhedodd y bois mas ar y cae i wynebu Ffrainc, o'n i mor excited, roedd fy nghorff cyfan yn tinglo gyda thrydan. Roedd Buck yn gofalu am yr hard-core analysis felly roedd rhaid i fi ddweud wrth Seland Newydd faint oedd y gêm yma yn golygu i ni.

"The whole of Wales is gearing up for the biggest night of our lives. It's gonna be MASSIVE," wedais i.

Roedd Buck yn rili impressed gyda bois ni, yn enwedig i feddwl bod llawer o'r garfan yn whippersnappers. Roedd ei arian ar fuddugoliaeth i Gymru. Pan wnaeth Mr Rolland roi'r cerdyn *yna*, roedd Buck yn meddwl dylai fod yn felyn… ac roedd pawb yn y stiwdio'n dal i gredu bod y bois yn gallu gwneud y busnes. Mae'n insane beth mae 14 dyn gyda breuddwyd yn gallu gwneud, yn enwedig pan mae'r odds yn eu herbyn nhw… fel fy nheulu a fi yn tynnu at ein gilydd i drefnu'r briodas, pan mae Jamie wedi mynd AWOL.

Ar ôl clywed y final whistle, wnes i grio fel babi ar ysgwydd Buck a fi'n credu wnes i fflobio ar ei grys, o'n i mor devastational. Cyn i ni fynd off yr awyr, wnes i sobio, "Thank you for the amazing welcome. If countries could fall in love, New Zealand and Wales'd be a match made in heaven – we're both rugby mad!! See you at the final in 2015."

Dyma fi y bore wedyn... : (

Ges i ateb gan Buck yn syth bìn - woop woop!! : D

Mailbox **Inbox**

From: buck@buckshelford.com
To: rhian@madamrygbi.com

Rhian,
Ha ha! Invited to be a bouncer – that's a first for me. I'll be there. Hope you're well and not getting into too much trouble.
Glad things have worked out with Jamie. Good catch, girl, and he's a lucky guy.
Send my regards to Jonathan – I guess I'll see him at the wedding.
All the best,
Buck

Kobus Wiese

Byddet ti'n messo gyda'r beef-cake yma o Dde Affrica? Na, byddwn i ddim chwaith. Os bydd rhywun yn cico off yn y briodas, bydd Kobus yn noco nhw mas, fel wnaeth ei Derwyn Jones yng Nghwpan y Byd 1995 yn Ne Affrica. Pan gwrddais i â Kobus, wnes i roi stŵr iddo fe am ddechrau'r punch up wnaeth ddod â gyrfa modelu Derwyn J i ben. Esboniodd e'r rheswm go iawn tu ôl i'r scrap: "Derwyn was doing better than me at modelling at the time and I wanted to eliminate the competition." Pwy sy'n ennill nawr? Mae Derwyn J yn asiant rygbi kick-ass... a Kobus? Wel, put it this way: sai 'di gweld e'n modelu pants ar billboards yn ddiweddar. ;)

> **@kobus_wiese** *U doing anything on Dec 20th? Plz can u come & b a bouncer* **@madamrygbi** *my wedding cos u r hard as nails?! Ta!! :) x*

> **@kobus_wiese** *Of course* **@madamrygbi** *U can count on me 2 keep Wales on the straight & narrow! #oldhabitsdiehard :)*
>
> 21m

Robin McBryde

Robin McB yw'r ultimate dyn i gadw HEDDWCH yn y briodas. Fe yw'r dyn caleta yng Nghymru... yn enwedig achos mae 'da fe gleddyf ENFAWR. Amser tecstio fe:

> Haia Robin McB. T isie bod yn bouncer ym mhriodas fi? Plz dere gyda dy gleddyf a gwisga dy sheets gwyn o'r orsedd achos ti'n edrych yn proper scary ynddyn nhw lol. xoxo

Mae Robin a fi yn mêts ers dathlu Nos Galan 2011 gyda'n gilydd yn stiwdio *Jonathan*.

Dechrau blwyddyn newydd gyda'r hotties yma? Epic :)

Fi angen i Robin wneud yn siŵr fod y blaenwyr ddim yn cyrraedd y bar yn gyntaf ac yn yfed pob diferyn cyn i neb arall gael look in lol. Ond ei brif gyfrifoldeb yw stalko Jerome trwy'r nos a gofalu bod e ddim yn kidnapo'r chwaraewyr a'u cymryd 'nôl i Ffrainc.

Wnaeth Robin tecstio fi'n ôl yn syth:

> Edrych mlaen Rhian. Wna i roi min ar y cleddyf yn arbennig x

RESULT

Dyle clybiau nos St Mary Street cael bouncers i wisgo lan fel Robin McB. Bydde'r heddlu yn gallu cael nos Sadwrn off. Bydde NEB yn cico off. Fact.

Mother of the Bride

RHYFEDD ALERT Newydd gyrraedd adre o ffilmio a DYW MAM DDIM YMA.

> **@madamrygbi** Plz newch chi ddod draw NAWR **@BigDave** **@dapperdai** **@siansumma**??!! ARGYFWNG!!! : s

Wnaethon ni chwilio am Mam ym mhob man, yn y tŷ a'r ardd, a defnyddio Hywel fel ein sniffer dog. O'n i'n gwybod yn syth: roedd rhywun wedi abducto hi. Mae pobol mental mas yna sy'n kidnapo aelodau teulu pobol enwog fel fi. Mae Mam wastad wedi bod o dan fygythiad, fel Harper Seven. Roedd Dai a Siân yn meddwl ei fod e'n fwy tebygol fod Mam wedi cael ei threisio a'i llofruddio. Rhoddodd Big Dave ei wisg forensig ymlaen ac roedd e ar fin digo lan y decking i weld a oedd e'n gallu salvago gweddillion ei chorff pan glywon ni allwedd yn troi yn y drws.

"'WY ADRE!" gwaeddodd Mam. Rhuthron ni i'r cyntedd ac roedd hi'n sefyll yna, yn boddi mewn môr o fagiau Primark. Roedd hi wedi cynhyrfu gymaint roedd hi'n pantio.

"Fi wedi bod MAS!! Es i i GAERDYDD ar y bws. Es i i PRIMARK, ac wedyn i STARBUCKS," pwysleisiodd hi, fel bod y llefydd yma yn wledydd tramor doedden ni erioed wedi clywed amdanyn nhw.

"Wnes i hyd yn oed gymryd latte fi MAS!" wedodd hi, yn chwifio dau gwpan coffi take-away yn ein wynebau jyst i brofi bod hi wir wedi gwneud e.

"Pam gest ti *dau* latte, Melaine?" gofynnodd Siân.

"Achos roedd Death Row John gyda fi, mewn ysbryd! Wnaethon ni yfed ein coffis yng nghanol Queen Street yn y glaw. Dwi dal yn soaking ond BETH YW'R OTS?? GWEDWCH HELÔ I'R 'FI NEWYDD'!!" gwaeddodd hi, dal yn high ar adrenalin.

"Helô 'TI NEWYDD'!!" wedais i, Dai, Siân a Big Dave mewn côr llefaru annisgwyl.

Aeth Big Dave i'r fan i roi ei raw a'r gêr fforensig gadw.

"Tro nesa ti'n mynd mas, Mam, ti'n meindio dweud wrthon ni?" gofynnais i. "Ro'n i'n meddwl bod rhywun 'di abducto ti..."

"... neu llofruddio ti... " ychwanegodd Dai.

"Peidiwch â bod yn TOXIC!" wedodd Mam. "Roedd rhaid i fi fynd mas heb wneud datganiad mawr. Dyna oedd fy ngwaith cartref gan Jacqueline. Pam na allwch chi jyst dweud llongyfarchiadau?"

Roedd pwynt 'da hi.

"Sori Mam... llongyfarchs..." wedais i fel plentyn drwg.

Am weddill y noson, wnaeth Mam roi sioe ffasiwn i ni.

Wait for it – ymysg ei dillad newydd, roedd tair outfit addas ar gyfer Mother of the Bride. Yep, diolch i Jacqueline, mae Mam yn meddwl bydd hi'n gallu dod i'r briodas. :D

NON-SILENT SCREAM

Dydd San Ffolant

Wnes i ddeffro bore 'ma ac edrych ar fy WEDDING TO DO LIST ac roedd e'n edrych fel hyn:

> Priest ✓
> Ffrog ✓
> Bridesdog ✓
> Venue ✓
> Top Table ✓
> Catering ✓
> DJ Gethin Jenkins ✓
> Bouncers ✓

OMG, FI WEDI GORFFEN POPETH! MAE POPETH YN BAROD!! : D Wnes i waco 'Starships' gan Nicki Minaj ar fy iPod ac ro'n i'n gwneud celebration dance gwyllt yn fy mhants pan wnaeth Mam alw fi.

"Rhi! Mae delivery i ti..."

Rhedais lawr star i weld beth oedd e. Roedd dyn o Ponty Flowers yn sefyll wrth y drws ffrynt gyda channoedd o rosynnau. Pan welodd e fi, roedd e'n edrych yn totally shocked. Weirdo, meddyliais, tan i fi sylweddoli bod fi ond yn gwisgo pants. : O Taflodd e'r rhosynnau i fy mreichiau.

"Diolch!" sgrechiais gan slamo'r drws. Roedd cerdyn mewn amlen:

> Rhian
> Rwy'n dy garu di always have, always will. ♥

Oooo - roedd Jamie yn bod yn rili mysterious. Sexy!!

Es i ar Twitter i ddiolch iddo fe...

> **@madamrygbi** *Diolch am y blodau LYSH. Fi yw officially y ferch fwya lwcus ar y blaned. :)) Methu aros priodi t. Diolch* **@jamie_roberts** *xx*

Wedyn wnes i sylweddoli fod Twitter feed Jamie wedi mynd dipyn yn crazy achos ddoe, wnaeth e tweeto hwn:

> **@jamie_roberts** *Valentine's tomorrow and I'm single. Anyone for quarter chicken lemon n 'erb? Probably Nandos with* **@ScottSneddon** *#singletons*

SINGLE? Pam fydde fe'n tweeto hwnna?! O'n i mor grac, o'n i'n methu anadlu. Mae'n messo gyda fy mhen... big style. I just can't take it anymore. Agorais i'r drws ffrynt, scoopo'r rhosynnau yn fy mreichiau a'u taflu ar y palmant tu fas. Wnes i ddal y bws i Gaerdydd, yn benderfynol o draco Jamie lawr. Ro'n i'n gwybod bod y tîm yn y Stadiwm yn ymarfer. Wnes i ddod o hyd iddo fe ar y bont gyferbyn â Stadiwm y Mileniwm.

"Fi methu côpio gyda'r public humiliation yma rhagor. Beth yw'r deal gyda teimladau ti?" gofynnais i.

"Edrych, Rhian, ti'n ferch hyfryd," wedodd Jamie wrth edrych arna i mewn ffordd rili serious a super romantic. "A ti'n hynod o gefnogol. 'Wy wir yn gwerthfawrogi'r cymorth ti'n rhoi i fi a'r bois."

"A fi'n gwerthfawrogi'r cymorth ti'n rhoi i fi hefyd, fel y blodau a'r teddy bears ti'n anfon ar ôl pob sioe *Jonathan*," atebais i.

Roedd Jamie yn edrych dipyn yn puzzled ond ddim am hir achos yn amlwg roedd 'da fe rywbeth pwysig i ddweud ac roedd e rili isie spito fe mas.

"Mae'n codi fy nghalon i weld ti a'r ffans i gyd yn y dorf. A'r ffordd ti'n dilyn ni o gwmpas y byd, mae'n grêt."

Wow! Doedd Jamie erioed wedi bod mor heavy â hyn o'r blaen.

"Fi'n caru bod yna i ti," wedais i.

Wnaeth e gario mlaen.

"Ti'n garedig iawn. Diolch, ond..."

Wnes i dorri ar draws.

"OMG! Sdim angen diolch – fi yw future wife ti. Dyna beth mae future wives yn gwneud."

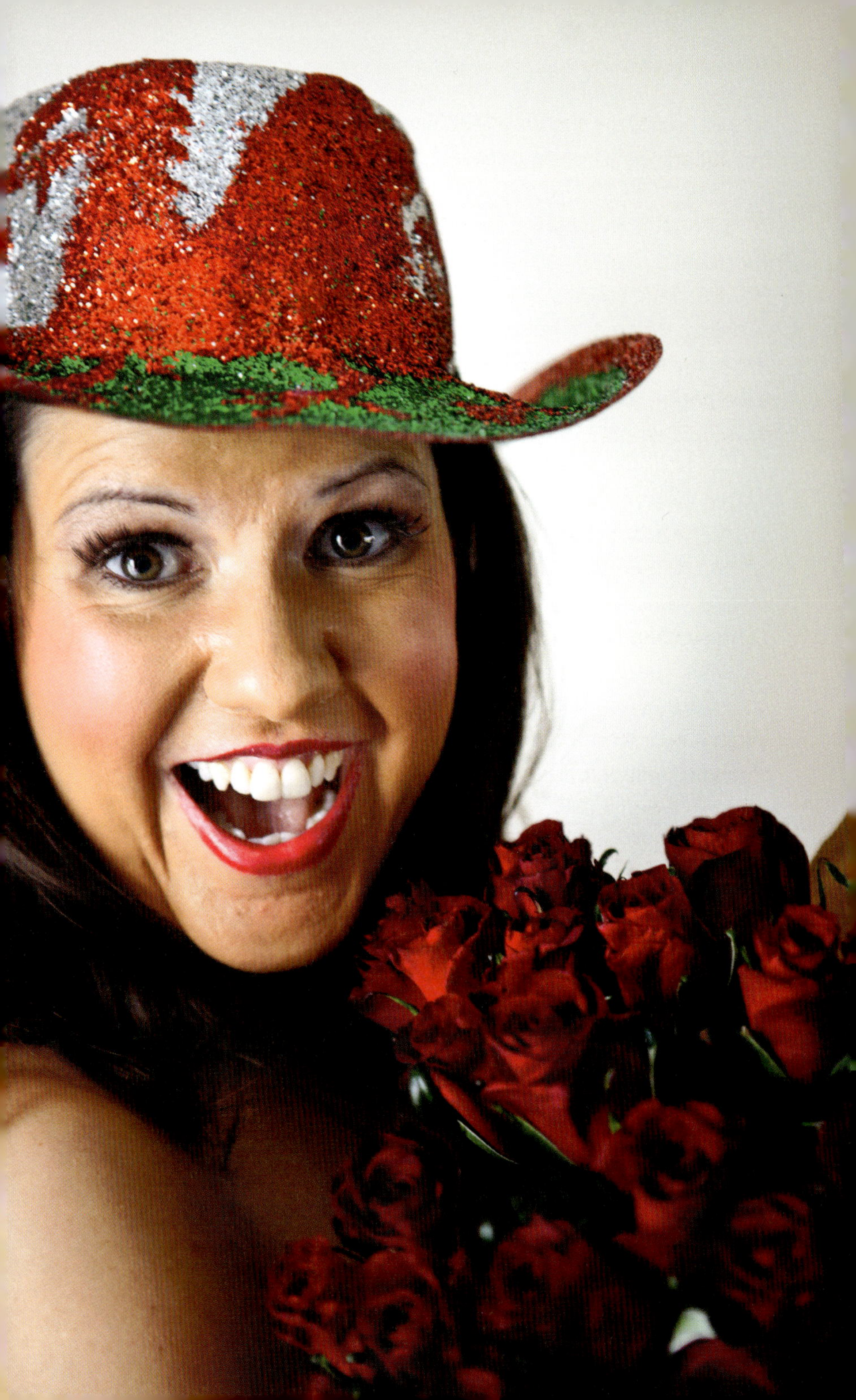

"Dyna'r peth," anadlodd Jamie yn drwm. "Sai'n gweld ti yn y ffordd yna."

"Pa ffordd?" gofynnais i. "Fi ddim yn y ffordd – fi ar y palmant."

Roedd Jamie yn edrych yn stressed.

"Na – 'wy ddim yn gweld ti yn y *ffordd* yna. I fi, ti'n ffan anhygoel, a ti'n ffrind hynod o... frwdfrydig. Ond dyna i gyd. Ni byth yn mynd i fod yn fwy na hynny. Mae'n flin 'da fi – ond mae'n rhaid i fi fod yn onest gyda ti."

Roedd fy nghalon yn curo mor drwm, roedd fy nghorff cyfan yn vibrato. O'n i methu credu'r geiriau o'n i'n clywed.

"Ond wedaist ti yn yr ysbyty bod ti a fi deffo'n mynd i briodi."

"Weithiau, Rhian, pan mae pobol yn concussed ac yn high ar morphine maen nhw'n gweld a chlywed pethau sy ddim wir yn digwydd," esboniodd e. "Fel eliffantod yn hedfan... a moch yn dawnsio gwerin..."

"Felly mae ein perthynas ni drosodd?" gofynnais i.

"Wnaeth e byth ddechrau," wedodd Jamie.

Wnes i rewi. Wnaeth Jamie drio rhoi cwtsh i fi ond roedd e'n eitha one-sided achos o'n i'n methu physically symud.

"Ti am i fi ffonio am dacsi i ti?" gofynnodd e.

"Na. Alli di ffonio Big Dave, plis? Bydd e'n dod i nôl fi." Wnes i basio fy ffôn iddo fe.

Atebodd Big Dave yn syth bìn. "Alright, Rhi?" gofynnodd e yn rili chirpy.

"Haia, Dave. Jamie Roberts sy 'ma. Alli di ddod i nôl Rhian o'r bont ger y stadiwm?"

"Ie, dim problem, butt. Wna i neidio yn y fan nawr. Popeth yn iawn?"

Wnaeth Jamie edrych arna i. O'n i fel ci bach abandoned ar ochr yr hewl – ar goll, yn ofnus, fy myd a fy nghalon yn ddarnau mân.

"We've been better," atebodd Jamie.

Roedd Big Dave yn gwybod bod rhywbeth super serious wedi digwydd achos gofynnodd e, "Gwna ffafr i fi – arhosa gyda hi tan i fi gyrraedd, 'nei di? Jyst rhag ofn..."

"Dim problem," atebodd Jamie gan roi'r ffôn yn ôl i fi.

"Dylwn i ddim bod yn surprised," wedais i. "Ti probably'n mynd i briodi beauty queen neu ITV Wales Weather Girl, nid merch gyffredin o Market Street."

Wnes i eistedd ar y bont gyda fy nghoesau yn danglo. Daeth Jamie i eistedd wrth fy ymyl i a rhoddodd ei fraich o 'nghwmpas i.

"Sdim byd cyffredin amdanat ti, Rhian. Ti'n berson unigryw, arbennig iawn. Ti jyst ddim yn iawn i fi. Ond mi fyddi di'n berffaith i rywun, 'wy'n siŵr," wedodd e.

O'n i'n rhy numb i siarad mwy. Wnaethon ni wylio'r machlud dros Stadiwm y Mileniwm, mewn total tawelwch.

Melt-down

Dros y diwrnodau wedyn, o'n i mor depressioned, wnes i aros yn y gwely yn gwrando ar Adele ar full volume a chrio fel babi hystericalist. Wnaeth Siân, Big Dave, Mam a Dai drio popeth i gael fi mas, ond wnes i ddim shiffto. Wnes i ganslo'r ffilmio a chadw super low profile... heblaw am fynd ar y newyddion cenedlaethol i esbonio'r rhesymau tu ôl i'r shock break-up.

O'r blaen, roedd dyfodol JAMERHI yn mapped out o'n blaenau ni: y briodas, ein tŷ priodasol, babis biwtiffwl... ac yn sydyn, roedd popeth wedi mynd up in smoke.

> **@madamrygbi** Fi'n flying completely solo. Total singletonian. : ((
>
> 1m

Dyma yn union sut o'n i'n teimlo.

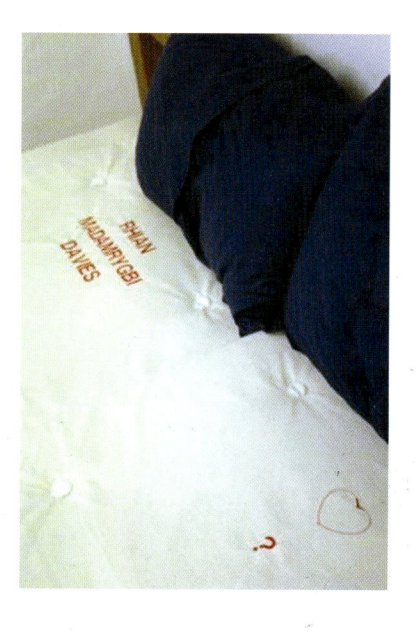

Diolch i fy ffrindiau yn Abacca Organic am anfon personalised mattress newydd i fi yn syth ar ôl y break-up. O'n i seriously angen e: roedd cysgu ar mattress His & Hers "Jamie & Rhian" jyst yn rhy boenus. : (

Bryan yr Organ

Mae Mam yn dweud, "The best way to get over a man is to get under a new one." Dyna'n union beth wnes i drio gwneud wrth fynd ar hot date gyda Bryan yr Organ, aka Mr "F*$k Me Faro". O'n i dipyn yn starstruck yn cyrraedd Clwb Rygbi Penrhyncoch achos mae Bryan yn global YouTube sensation, fel Gangnam Style ond yn Gymro.

Aeth y dêt yn dda i ddechrau. Fel fi, mae Bryan yn mad am rygbi ac yn total scream machine.

Wnes i liwio fy ngwallt yn blond yn arbennig ar gyfer y dêt. :)

Fi'n credu roedd e'n eitha serious achos wnaeth e wahodd fi i'w gartre. A that's where it went downhill. Roedd ORGANS ym mhob man. (Yr offeryn, nid men's bits.) Mae e'n obsessed. Efallai dylai fod wedi clicio'n gynharach – ei enw yw Bryan yr Organ, enw ei dŷ yw Bodorgan.

What's in a name?

Wel, yn aml, there's a BIG FAT CLUE. Serious – meddylia am y peth. Dyw bloke gyda'r enw Llywelyn ap Gruffudd ddim yn mynd i fod yn body-popping skateboarder.

Syrpréis, syrpréis – y cwbwl roedd Bryan isie gwneud trwy'r nos oedd chwarae'r organ, felly roedd yn glir: bydde tri ohonon ni yn y berthynas. Wel, pedwar actually, achos mae Bryan yn briod. Felly ni jyst yn ffrindiau. Fel ambell busty blond cantores, fi ddim yn messo gyda married men. Mae Mrs Bryan yr Organ yn bêb ac mae hi a'r teulu yn gwneud killer paned a phice mân. :)

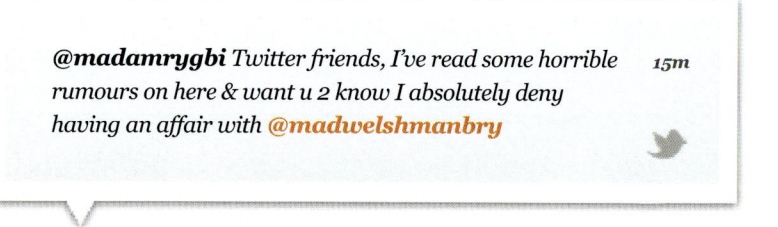

> **@madamrygbi** *Twitter friends, I've read some horrible rumours on here & want u 2 know I absolutely deny having an affair with* **@madwelshmanbry**   15m

Basically, fi'n cytuno gyda be wedodd Dai.

"Better to have loved Bryan and lost, than never to have loved Bryan at all."

Y Gamp Lawn 2012

Y ffordd orau i anghofio major life problems yw buddugoliaeth Gamp Lawn ac epic all-dayer gyda Siân a Big Dave. Fact. Roedd lot wedi digwydd ers y Goron Driphlyg. Wnaethon ni ddal y bws i Gaerdydd am 7.33 y bore fel bod ni'n gallu cael bwrdd reit yn ymyl y sgrin fawr yn Wetherspoons. Erbyn kick off am 2.45, o'n i 'di yfed 23 Bacardi Breezer (personal best) ond er hynny, fi'n cofio pob un eiliad o'r gêm. Roedd yr awyrgylch yn drydanol.

Pan wnaethon ni ennill, wnes i gau fy llygaid a gollwng y *NON-SILENT SCREAM* fwya mewn hanes. O'n i'n teimlo bod fi'n reido ton o ecstasi oedd yn riplo mas o'r stadiwm trwy Wetherspoons a Chymru gyfan. Y diwrnod yna, dim ond un peth oedd yn bwysig: ni oedd pencampwyr y Gamp Lawn! : D

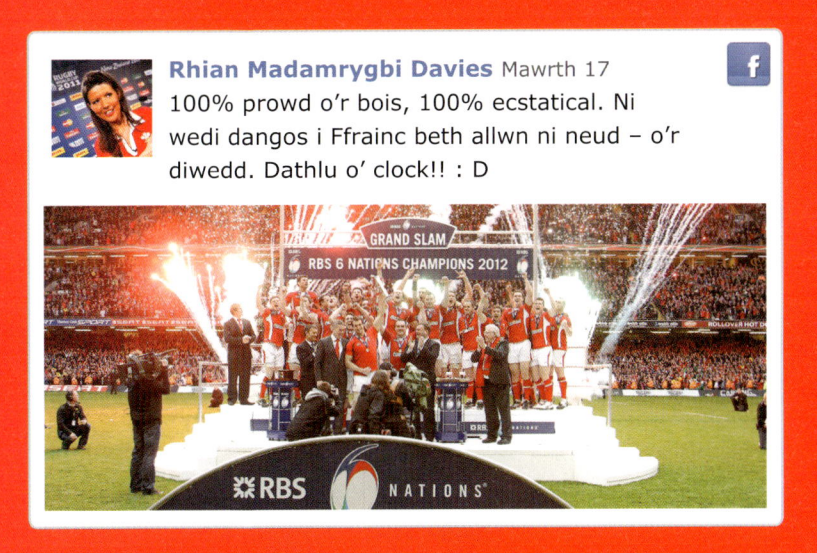

Rhian Madamrygbi Davies Mawrth 17
100% prowd o'r bois, 100% ecstatical. Ni wedi dangos i Ffrainc beth allwn ni neud – o'r diwedd. Dathlu o' clock!! : D

Wnes i, Siân a Big Dave golli'r bws ola adre obvs. Ond roedd e'n awesome achos wnaethon ni gael chips o Caroline Street a crasho mas ar bench ar St Mary Street. Quality.

> **@melaine** Hei **@madamrygbi** Mae Jamie yn gwisgo dy het gowboi ar y teledu! Efallai fod e'n arwydd? xx   30m

> **@dapperdai** Cytuno gyda **@melaine**. Dyna ei ffordd o ddangos mae e dal yn caru t.   28m

Efallai wir, ond roedd hi'n rhy hwyr. He'd blown it.

Down Under

Pan mae pobol yn mynd trwy major breakups, maen nhw'n gwneud pethau amlwg fel torri gwallt a chysgu gyda stranger off y bws. Un remedy arall yw teithio i ochr arall y byd, felly pan ges i'r cyfle i ddilyn y bois Down Under ym mis Mehefin, wedais i IE... obvs.

Ges i MAJOR CULTURE SHOCK achos mae'r lle yn ENFAWR o'i gymharu â Chymru – fel y gwahaniaeth rhwng Derwyn Jones a Shane Williams. I deithio o'r gêm brawf gyntaf yn Brisbane i'r ail yn Melbourne roedd rhaid gyrru am 20 awr!! Ar y ffordd, does dim Little Chefs na burger vans... DIM BYD, heblaw am countryside, koalas a kangaroos. Os ti'n meddwl bod yr A470 angen revamp, try an Ozzie Highway. *MENTAL*

Mae'r Ozzies yn fwy obsessed gyda gêm o'r enw Aussie Rules (fel American Football) na rygbi OND mae cymuned o die-hard rugby fans mas 'na. Yn y gêmau prawf roedd ffans Cymru yn seriously outnumbered gan ffans y Wallabies. Roedden nhw'n total scream machines, gyda bad habit o fŵio weithiau pan oedd bois ni yn cymeryd cic gosb – tan iddyn nhw sylweddoli bod dim byd yn mynd i distracto Leigh Halfpenny. Roedd e ar dân! :)

Mae Awstralia yn wlad stunning. Fact.

Erbyn haf 2012, o'n i ddim jyst yn FUNDIT. O'n i'n un o'r bois. Fel wedodd Sam Warburton, "You're one of us now. I could put you as a number ten because you're skilful enough but I think you'd be better as a prop because of your strength." Achos oedd Warren G off sick, o'n i'n meddwl bydde cael Rob Howley fel hyfforddwr fel cael supply teacher yn yr ysgol – esgus i chwarae lan something chronic. No chance. Roedd y bois yn gweithio mor galed, doedd DIM amser off i ymweld â'r cultural highlights, fel set *Neighbours*. Roedd rhaid i fi fynd yn lle nhw.

FYI, wedodd Jonathan Foxy Davies bod e'n hoffi mynd lawr Down Under. OMG.

Wnes i loads o bezzers newydd, fel yr Aboriginis. Mae culture nhw yn ancient. Like, hyd yn oed yn fwy hen na culture ni ac mae un ni yn knocking on a bit. A wnes i bondio gyda Will Genia a David Pocock. HOT.

sexy!

Wnes i ddweud wrth David, "Can you say 'Enjoy the game' in Welsh to the fans at home please? It's 'Ni'n tîm o ieir.'!" ;)

Roedd rhai pobol yn meddwl bod y Wallabies yn cymeryd yn ganiataol bod nhw'n mynd i faeddu ni ond actually, roedd David a Will yn sylweddoli bod bois ni yn GALLU smasho nhw. Roedd loads o bwysau arnyn nhw – fi'n gwybod achos ges i'r inside story yn ystod y trydedd gêm brawf. O'n i'n eistedd reit yn y ffrynt, gyda'r players' tunnel ar un ochr a blonde babe yn ei phedwardegau-ish yr ochr arall. Wnes i sylweddoli'n sydyn iawn ei bod hi'n Wallabies superfan achos roedd hi'n ecstatical pan oedd yr Ozzies yn smasho ni… eto. Ar ôl y final whistle, roedd y ddwy ohonon ni'n crio.

"Wow – you must be really happy," wedais i.

"I'm just so relieved," atebodd hi, "because my son's on the team." Act cool, Rhian, meddyliais i. "Oh, right – which position does he play?" gofynnais i.

"He's the captain," atebodd hi.

OMG. O'n i wedi actually gwylio'r actual gêm gyda Mrs Pocock. Wnaeth hi gyfaddef ei bod hi mor nerfus ar fore'r gêm oherwydd y pwysau enfawr ar ei mab a'r tîm i guro Cymru, roedd hi wedi ffonio fe yn dweud, "Darling – I don't think I can face watching you play today."

Roedd David yn cŵl. Wnaeth e gysuro ei fam, "Seriously Mum – don't worry. Just come." Roedd hi obvs yn majorly falch bod hi wedi gwrando.

Roedd yn AGONY gwylio ni'n colli tri ar y trot ond ges i heart to heart gyda George North ac roedd e'n cytuno 'da fi: mae Cymru yn curo Awstralia fel fi gyda blokes. Mae'n rhaid trio a thrio ond fi'n gwybod bydda i'n gwneud e yn y diwedd. :)

Yn sydyn, wnaeth David P bee-line amdana i a Mrs P. Rhoddodd e gwtsh enfawr i'w fam a gwên hyd yn oed yn fwy i fi.

"I'll get out of your way so you can celebrate," wedais i.

"Why don't you come out with us?" gofynnodd David P.

"Thanks for the invite but I wanna Skype Big Dave," wedais i, a dyna oedd y gwir.

Wnes i feddwl dod â un o'r rhein adre i Hywel... NOT!!

Arghhh!

Face the Music

> **@madamrygbi** *Dim ond 1 peth ar fy 2 do list heddiw: canslo paratoadau'r briodas. : (* 48m

Erbyn Tachwedd 2012, roedd yn seriously amser i fi ganslo trefniadau'r briodas. O'n i wedi bod yn rhoi off ffonio'r Stadiwm, The Bridal Boutique a'r DJ ayyb. Ac roedd rhaid cysylltu â'r 74,500 o bobol ar fy guest list i ddweud bod y briodas ddim yn digwydd. Shaming. Couldn't face it. Ond dyw hi ddim yn deg i gadw pobol fel DJ Gethin Jenkins on hold, achos mae e'n hot favourite i fod yn DJ ym mharti pen-blwydd 8 mlwydd oed Harry Robinson.

Wnes i ddweud wrth Big Dave, "Heddiw, I've gotta face the music..."

"... and dance?" gofynnodd e.

Waciodd e 'Live While We're Young' gan One Direction ar yr iPod a gawson ni mini dance-off o gwmpas y lolfa i psycho fi lan. Ar ddiwedd y trac, wedodd e, "Rhi, fi wedi bod yn meddwl. Mae'n wastraff canslo'r briodas ar ôl blynyddoedd o drefnu.

Mae'n rhaid bod rhywun mas 'na isie fe."

Roedd e'n siarad sens. Roedd romance Jamie a fi yn rained off OND dylai cwpwl arall elwa o'r holl waith paratoi. Yn sydyn, ges i major brainwave!

"Mae Jiffy, Nigel a Sarra yn ffilmio yn y stiwdio NAWR."

Wnaethon ni edrych ar ein gilydd a heb ddweud gair, wnaethon ni neidio yn y fan a zoomio syth lawr i *Jonathan* HQ.

> **@madamrygbi** *Lle i Big Dave yn gynulleidfa'r stiwdio plz & lle i fi ar y soffa* **@jiffy** **@nigel_owens** **@sarra_elgan** *Important announcement...* 2h

> **@jiffy** **@nigel_owens** **@sarra_elgan** *Beth nawr* **@madamrygbi** *lol? x* 2h

Unwaith i ni gyrraedd, o'n i'n instantly miked up ac ushered i gefn y llwyfan. Wnaeth Jiffy intro lysh i fi:

"I gloi'r sioe heno, mae gwestai arbennig 'da ni. Mae hi wedi bod i ben draw'r byd yn cefnogi'r bois, ond nawr mae hi adre. Rhowch groeso enfawr i Rhian Madamrygbi."

Ar ôl rhoi bear hugs i Jiffy, Nigel a Sarra, edrychais yn syth i'r camera a gwneud apêl i'r genedl:

"Os oes rhywun mas 'na yn ffansïo priodi yn Stadiwm y Mileniwm ar Ragfyr 20, gewch chi priodas fi am ddim. Fi 'di trefnu popeth. Y cwbl sy raid i chi wneud yw troi lan."

Yn sydyn, neidiodd Big Dave lan yn y gynulleidfa.

"Fi isie fe! Fi isie'r briodas!!" yelpodd e fel proper looney toon. Trodd pawb i edrych arno fe. Be ffrig oedd e'n gwneud?

Roedden ni'n FYW ar S4C yn darlledu i filoedd o bobol, SO not the time to dick about. Gwthiodd e trwy'r gynulleidfa a neidiodd ymlaen i'r LLWYFAN. Wnaeth Jiffy edrych arna i gyda'r un un panicked look yn ei lygaid â phan mae'r autocue yn torri ar y sioe a sdim clem 'da fe be sy fod i ddigwydd nesa.

Daeth security lan i dynnu fe off ond wnaeth Nigel stopio nhw. Mae e 'di arfer gyda moments of madness ar y cae ac roedd e'n gwybod bod Big Dave ddim yn mass murderer/axe man.

"Alla i ddweud gair sydyn, plis, Jiff?" pantiodd Big Dave ond roedd Jiffy'n rhy freaked out i ateb.

"Cer amdani, Big Dave," wedodd Sarra yn hollol cŵl a charedig. "Ond bydd rhaid i ti fod yn glou. Ni ond ar yr awyr am ddwy funud arall."

O'n i'n confused. Roedd Big Dave yn wyn ac yn crynu. Roedd e'n edrych fel roedd e'n cachu ei hun. O'n i'n meddwl bod e'n cael rhyw fath o ffit achos plygodd e lawr. Wedyn wedodd e,

"Rhian, fi wastad wedi isie gofyn rhywbeth i ti... there's no time like the present." Roedd e'n cael anhawster anadlu. "Sai'n gyfoethog, sai'n glyfar, fi ond yn chwarae armchair rugby ond rwy'n dy garu di Rhian Madamrygbi Davies a fi isie treulio gweddill fy mywyd gyda ti. A wnei di fy mhriodi?"

Aeth pawb yn y stiwdio yn dawel, dawel fel disgwyl un o giciau cosb pwysica erioed a phawb yn gweddïo i'r bêl fynd rhwng y pyst. Edrychais yn ddwfn i lygaid tywyll Big Dave a daeth y geiriau yma mas o fy ngheg:

"WRTH GWRS WNA I BRIODI TI. PAM WNEST TI AROS MOR HIR CYN GOFYN?!"

Aeth pawb yn y stiwdio yn CRAZY! Wnaeth Big Dave gusanu fi ac roedd yn gusan mor braf o'n i isie iddo fe bara am byth.

"Fi'n totally caru ti, Big Dave," sylweddolais i.

"Dwi wastad wedi caru ti, Rhian," wedodd e.

Ar ôl i'r credits rolio a'r sioe fynd off yr awyr, wnaethon ni gyd ddawnsio, dawnsio, a dathlu big style tan oriau mân y bore.

@madamrygbi OMG OMG OMG :))) MAE **@BigDave** A FI yn priodi!!! 100% ecstatical. : D   1m

Dyweddïo: Take 2

> **@madamrygbi** 5 diwrnod i fynd tan priodas **@BigDave** a fi a mae popeth yn barod. Methu aros – caru t **@BigDave** : D xxxx   6m

> **@BigDave** caru t hefyd **@madamrygbi** xxxx   4m

> **@siansumma** get a room u 2 ;)   2m

Roedd cwpwl o bethau bach i wneud, fel newid siwt Jamie. Roedd belly Big Dave yn popo mas o'r trwsus, big style. Nid bod fi'n poeni. Fe yw Prince Charming fi – belly or buff. :)

Yn y cyfamser, o'n i'n inundated gyda RSVPs gan y bois.

@sam_warburton Hey **@madamrygbi** Congrats on your engagement 2 **@BigDave**. I'll be there. Still want me 2 b best man? *09 Nov*

@lloyd_williams **@scott_williams** **@shane_wms** **@rhys-priestland** T dal isie i ni fod yn ushers? Ni'n gêm. *11 Nov*

@gethin-jenks Have sorted the playlists for your big day. *15 Nov*

@george_north **@harry_robinson** Edrych mlaen i fod yn pageboys. :) **@madamrygbi** **@BigDave** *18 Nov*

@mike_phillips Ydw i dal yn best man? Hefyd, wedi ffeindio darn o farddoniaeth Ffrangeg i ddarllen gyda **@siansumma** x *19 Nov*

> **@madamrygbi** Ie plz **@mike_phillips** :)
> Anghofia'r barddoniaeth. Elli di darllen Ikea catalogue yn Ffrangeg? Neb yn deall eniwei lol. #eyecandy
>
> *19 Nov*

O'n i ddim isie i weddill y garfan teimlo'n left out felly wnes i wahodd nhw i gyd i greu'r hottest côr meibion mewn hanes ac i ganu 'Call Me Maybe' gan Carly Rae Jepsen wrth i mi ddawnsio lawr yr aisle. Ond yn amlwg, roedd angen soloist.

> **@madamrygbi** Hei **@alun_wynjones** Ti'n hapus i ganu solo? Basically, fi isie t canu fel karaoke king fel pan ti'n canu'r anthem :) xx
>
> *21 Nov*

> **@alun_wynjones** ok **@madamrygbi** Fi'n up 4 it x
>
> *21 Nov*

> **@jamie_roberts** Hei **@madamrygbi** **@BigDave** Oes lle i un bach arall yn y briodas? Sai isie colli mas ar barti'r ganrif...
>
> *30 Nov*

> **@madamrygbi** **@BigDave** OMG – obvs **@jamie_ roberts**. Ni'n ffrindiau nawr. #nohardfeelings
>
> *30 Nov*

Sorted :) Mae'r bois i gyd yn dod i'r briodas. *NON-SILENT SCREAM*...

> **@sheilafferyllfa** Hei **@madamrygbi** Fi'n credu bod invites fi a @carolfferyllfa wedi mynd ar goll yn y post. : (
>
> *3 Dec*

> **@carolfferyllfa** **@sheilafferyllfa** **@madamrygbi** Wnaethon ni ddweud bod ti'n clueless a'n rubbish ar y TV achos ni ddim isie i ti adael.
>
> *3 Dec*

> **@sheilafferyllfa** **@carolfferyllfa** **@madamrygbi** Ie – ni'n rili gweld isie t. : (
>
> *3 Dec*

@sheilafferyllfa **@carolfferyllfa** Rhaid i ni weld t ar dy ddiwrnod mawr. :) Plis plis plis allwn ni ddod **@madamrygbi**?   3 Dec

@madamrygbi Na, sori. **@sheilafferyllfa** **@carolfferyllfa** Mae 74,500 yn dod felly mae'r stadiwm yn chocka. Gallwch wylio fe ar y teledu :)   3 Dec

Y Diwrnod Mawr

> **@madamrygbi** Mae'r DIWRNOD MAWR wedi cyrraedd o'r diiiiiwedd!!!! Methu aaaaaaros!! : D
> 20 Dec

> **@madamrygbi** Fi @BigDave @siansumma @dapperdai @jeromebonnier @melaine ddim wedi cysgu o gwbl. RHY EXCITED!!!! : D
> 4h

> **@BigDave** Methu aros i weld fy mhriodferch @madamrygbi wrth yr altar!!!! :) #ecstatical
> 4h

Ar fore'r briodas, fel "father" of the bride, roedd Dai yn benderfynol fod y tŷ yn stress free, silent scream zone. Ei gynllun oedd goleuo canhwyllau, chwarae cerddoriaeth panpipes a chael ni i orwedd o gwmpas mewn dressing gowns gwyn gyda ciwcymbyrs dros ein llygaid. Hmmm. Swnio'n grêt, ond dyma beth wnaeth actually ddigwydd:

Roedd Jerome yn cael ffit yn y gegin, yn poeri mas rhegfeydd Ffrangeg achos roedd Hywel wedi torri mewn i'r oergell dros nos a bwyta dau ddeg soufflé.

"I am going to murder that stupid *chien*."

A rhedodd Dai mewn yn gweiddi, "CALM DOWN, JEROME!!"

"I AM CALM!!!" sgrechodd e, tamping.

Roedd Dai yn super twitchy achos roedd e'n caffeined up i'r eyeballs. Roedd e wedi bod lan trwy'r nos yn rhoi sequinned chair covers coch ar bob sêt yn Stadiwm y Mileniwm.

"Roedd e werth e, Rhi," wedodd e gyda gwên enfawr. "Mae'r lle'n edrych fel GIANT RED GLITTER BALL!! A ni wedi goleuo'r llwybr o'r players' tunnel (yr aisle) i'r llinell ganol (yr altar) gyda fairy lights coch. Mae'n wefreiddiol!!" Class :)

Yn y cyfamser, roedd Mam lawr yn Ponty Pet Pampering Salon yn cael Hywel yn barod. Roedd hi'n ffonio'r tŷ mewn major stress bob dau funud achos roedd e'n cymryd OESOEDD ac roedd hi isie cyrraedd adre mewn pryd i wneud fy ngholur. Rhyngddot ti a fi, o'n i wedi dweud wrth Hywel am stringo fe mas mor hir â phosib neu byddwn i'n bennu lan yn edrych fel tranny ar ddiwrnod fy mhriodas. No ta lol.

Yr unig berson distaw a non-violent oedd Siân. *ALARM BELLS* Roedd hi in hiding yn stafell wely fi.

"Be sy'n bod?" gofynnais i.

Wnaeth hi gyfaddef.

"Rhi – dyma'r tro olaf ni'n mynd i fod fel hyn. O heddiw ymlaen, bydd Big Dave yn No.1 yn bywyd ti a bydda i'n sloppy seconds."

Wnes i rhoi proper talking-to i Siân.

"Mae Big Dave yn gwybod wrth briodi fi, mae e kind of yn priodi ti hefyd. Mae'n two for the price of one deal."

Gwenodd Siân.

"Paid bod yn depressioned achos ti'n gwybod yr un mor dda â fi, ti'n edrych yn hanging pan ti'n pwdu a heddiw yw dy gyfle mawr i golli virginity ti, k?"

Rhoddodd Siân gwtsh mor dynn i fi, o'n i'n meddwl bod hi'n mynd i strangulato fi.

> **@madamrygbi** *Amser cael ffrog priodas fi mlaen gyda* **@siansumma***!!!! : D*   2h

> **@madamrygbi** Aaaaaah!! Ffrog ymlaen! : D *NON-SILENT SCREAM*
> 1h

> **@siansumma** OMG @madamrygbi yn edrych proper stunning yn ei ffrog briodas!!!:))))) U r in 4 a treat @BigDave ;)
> 1h

> **@BigDave** Cracking! :) Stadiwm yn llenwi'n barod. : D xxxx
> 1h

Lawr stâr, roedd Hywel, Mam, Dai a Jerome yn eistedd ar y soffa yn edrych mor smart a disglair, fel fersiynau airbrushed o nhw eu hunain. Wnaeth Jerome bopo botel o win Ffrengig ar agor – Lambrini fi'n credu – ac roedd pawb yn emotionalistic.

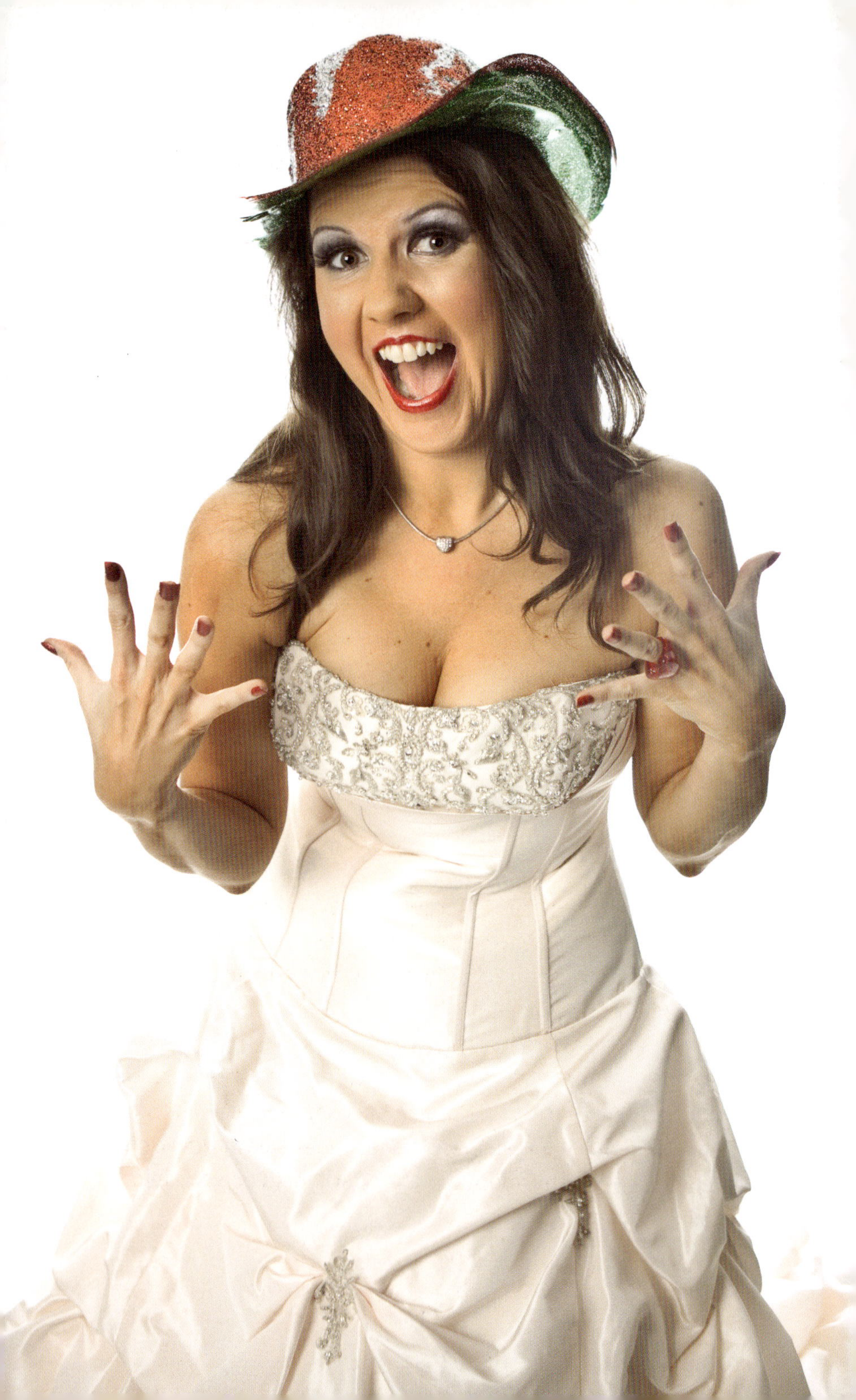

Y Briodas

Big Dave, Melaine Davies, Siân Summa, Jerome Bonnier, Sam Warburton, Mike Phillips, Lloyd Williams, Rhys Priestland, Scott Williams, Shane Williams, Gethin Jenkins, George North, Harry Robinson and 74,435 other people checked in at Millennium Stadium.

Rhian Madamrygbi Davies checked in at Millenium Stadium with Dapper Dai.

Hoffi . Gwneud sylw . Rhannu

👍 Mae 3455 o bobl yn hoffi hyn

Wnes i sefyll ar dop y players' tunnel a soako mewn sŵn ein gwesteion i gyd yn clebran ac yn canu 'Bread of Heaven'. Roedd e'n swnio'n union fel y dorf yn aros am y gic gyntaf mewn gêm Chwe Gwlad. Epic.

Ges i sneaky peek ar y llinell ganol (yr altar) a gwelais i Big Dave yn edrych moooor ffit yn cael gair bach gyda Priest Jiffy, Mam yn cymeryd loads o luniau ar ei ffôn ar gyfer Death Row John, a Siân yn cael ymarfer munud ola o'r darlleniad ac yn driblo dros Mike Phillips.

Wnaeth Dai squeezo fy llaw.

"Barod i fynd amdani?"

Wnaeth Hywel gyfarth like mad pan wedais i, "100%."

Gyda hynny, wnaeth Priest Jiffy rhoi cue i'r côr meibion a wnaethon nhw ffrwydro mewn i rendition awesome o 'Call Me Maybe' gan Carly Rae Jepsen. Wnaeth Warren G ddawns impromptu gyda back flips a phopeth.

Wnes i, Dai a Hywel ddawnsio lawr yr aisle, yn taro pob dance move yn union fel ro'n ni wedi ymarfer. Os o'n ni ar *Strictly*, bydden ni deffo wedi cael straight tens. Roedd y gwesteion i gyd ar eu traed yn dawnsio gyda ni. Ar ôl cyrraedd yr altar, wnaeth Big Dave a fi edrych ar ein gilydd. Ro'n ni ar gymaint o high, o'n ni'n teimlo fel bod ni'n hedfan.

Wnaethon ni whizzo trwy'r vows fel bod pawb yn gallu mynd i'r bar asap (priorities, like) ac yn ffodus, pan wnaethon ni wisgo'r modrwyon, roedd modrwy Jamie yn ffitio Big Dave yn berffaith, like it was meant to be.

***

Cydiodd Priest Jiffy yn y meicroffon a wedodd e, "Beth am ddechrau'r parti 'te?"

Wrth i'r tân gwyllt oleuo'r awyr, wnaeth DJ Gethin Jenkins ddechrau'r banging tunes a wnaeth Big Dave godi fi yn yr awyr a spino fi o gwmpas...

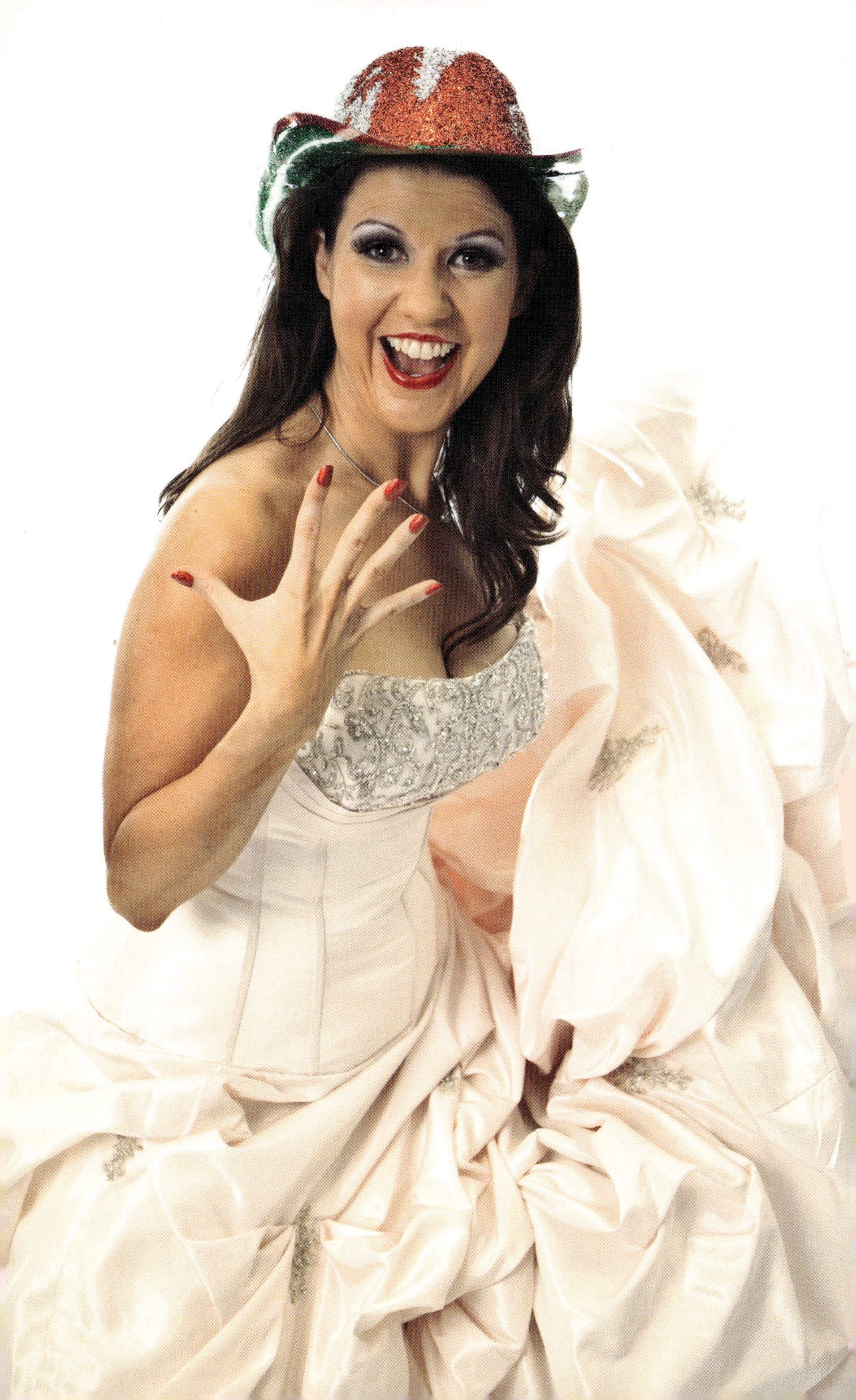

FYI

Cafodd Dan Lydiate a Sam Warburton y wobr am y dawnswyr gorau. Put it this way, maen nhw'r un mor dalentog ar y dance-floor ag ar y cae rygbi. Serious shapes. Maen nhw'n gwneud i Beyonce edrych yn LAME.

Wnaeth Sian copo off gyda un o'r pageboys. Sai'n dweud pwy! ;)

Roedd Jerome yn shameful drunken a roedd rhaid i Buck, Kobus a Robin dwlu fe mas am hasslo Jamie. Dyna ddiwedd love affair fe a Dai, ond mae'n olreit achos mae serious chemistry rhyngddo fe ac Alfie.

Mam oedd y person ola i adael y parti.

Cafodd Death Row John ei executo ar 21 Rhagfyr – ar ôl gweld lluniau'r briodas.